Engelhardt, Engelhardt

Wie tickst du? Wie ticke ich?

Miriam Engelhardt, Nikola Engelhardt

Wie tickst du? Wie ticke ich?

Babyboomer, Generation X bis Z – Altersgruppen verstehen in Bildung und Beruf

 der bildungsverlag
www.hep-verlag.com

Miriam Engelhardt, Nikola Engelhardt
Wie tickst du? Wie ticke ich?
Babyboomer, Generation X bis Z –
Altersgruppen verstehen in Bildung und Beruf

ISBN Print: 978-3-0355-1570-1
ISBN E-Book: 978-3-0355-1571-8

Bibliografische Information der Deutschen Nationalbibliothek:
Die Deutsche Nationalbibliothek verzeichnet diese Publikation
in der Deutschen Nationalbibliografie; detaillierte bibliografische
Daten sind im Internet über http://dnb.dnb.de abrufbar.

Zeichnungen: Boris Braun
Abbildung S. 55: Vladimir Arabadzhi

1. Auflage 2019
Alle Rechte vorbehalten
© 2019 hep verlag ag, Bern

www.hep-verlag.com

Inhaltsverzeichnis

Vorwort: Chancen und Grenzen des Generationenmodells – 8

I Generationenmodell – 12
    Was sind Generationen? – **13**
    Die Babyboomer – **14**
        Kindheit – **14**
        Jugend/Junge Erwachsene – **17**
        Arbeitsleben – **19**
    Generation X – **22**
        Kindheit – **22**
        Jugend/Junge Erwachsene – **23**
        Arbeitsleben – **27**
    Generation Y – **28**
        Kindheit – **28**
        Jugend/Junge Erwachsene – **30**
        Arbeitsleben – **32**
    Generation Z – **34**
        Herausforderungen – **36**
        Einstellungen und Verhaltensweisen – **42**

II Die Generationen treten in Beziehung – 52
    Vorgesetzte und Lehrpersonen – ein Phänomen der Übertragung – **53**
    Beratender Erziehungsstil – was Y und Z von Führungs-
        und Lehrpersonen erwarten – **56**
    Werte bei Generation Y und Z – **60**

III Konfliktfelder und Fallbeispiele – 64
    Hierarchie/Umgang mit Autoritäten – **65**
    Kommunikation – **70**
    Eigenverantwortung – **76**
    Work-Life-Balance – **82**
    Zugehörigkeit – **85**
    Selbstverwirklichung und soziale Gerechtigkeit – **87**
    Sehnsucht nach Anerkennung und hoher Position – **90**

Lernen in der Wissensgesellschaft – **94**
Ausbildungszufriedenheit – **96**
   Einflussfaktor «Pädagogische Kompetenz» – **98**
   Einflussfaktor «Handlungsspielraum» – **101**
Flexibilität – **102**
Schlussfolgerung – **107**

IV Wie Sie Ihre Generationenkompetenz verbessern – 108
Perspektivwechsel – **109**
Lösungsfokussierte Methode – **112**
Gesprächsführung – **113**
Ich + der andere = Beziehung – **115**
Neinsagen – **116**
Rollenspiel – **118**

V Tipps für Coaches und Beratungsstellen – 120
Persönlicher Termin oder 24-Stunden-online-Service – **121**
Pünktlichkeit – **123**
Hilferufe aus dem Dschungel der Information – **126**
   Informationsreduktion – eine neue Aufgabe – **127**
     Rollenwandel: Von der Expertin zum Coach oder zur kompetenten Freundin – **127**
     Beruhigende Fachkompetenz und klare, einfache Empfehlungen – **128**
Online-Angebot – neue institutionelle Herausforderung – **129**
Aufbau von IT-Systemen: Die Menschen mitnehmen – **131**

VI Tipps zum Erhöhen der Arbeitgeberattraktivität – 134
Herausforderungen für Unternehmen – **135**
   Welche Generationen wollen Sie ansprechen? – **138**
   Argumente für einen Generationen-Mix – **138**
Was können Sie als Arbeitgeber bieten? – **140**
   Führung – **142**
   Methode «Stretch-Feedback» – **143**
   Spaß bei der Arbeit und gute Zusammenarbeit – **144**
   Arbeitszeiten – **147**
   Personalentwicklung – **150**

Arbeitgeberidentität – **152**
Querdenken – **156**
Aktive Ansprache – **157**
Netzwerk der Ehemaligen – **159**
Mitarbeiter werben Mitarbeiter – **159**
Fazit zum Erhöhen der Arbeitgeberattraktivität – **160**

VII Warum sich Generationenkompetenz lohnt – 162

Anhang – 164
Die Autorinnen – **165**
Quellenverzeichnis – **166**
Verzeichnis der Fallbeispiele – **168**

Chancen und Grenzen des Generationenmodells

Vorwort

Wir haben es in Bildung und Beruf mit einer Vielfalt an Selbstverständlichkeiten zu tun, die sich besonders deutlich zeigt, wenn verschiedene Generationen miteinander in Kontakt treten. Dieses Buch will diese Generationenunterschiede verständlich und erfahrbar machen.

Massive gesellschaftliche Veränderungen prägten das 20. Jahrhundert: zwei Weltkriege, das Wirtschaftswunder, der Mauerfall, die Verbreitung des Computers, später des Internets, die Anschläge vom 11. September 2001. Diese und weitere Ereignisse beeinflussten auch unseren Alltag stark. Deshalb darf es uns nicht verwundern, dass wir es heute im Arbeitsleben innerhalb der Teams und Abteilungen mit Menschen zu tun haben, die sehr Unterschiedliches erlebt haben und in verschiedenen Welten aufgewachsen sind.

In **Abschnitt I** erklären wir, wie wir alle so geworden sind, wie wir sind. In **Abschnitt II** zeigen wir anhand von Fallbeispielen das Konfliktpotenzial, aber auch die Chancen auf, die in unserer Unterschiedlichkeit liegen. **Abschnitt III** macht uns mit möglichen Lösungsstrategien und Methoden vertraut. **Abschnitt IV** schließlich widmet sich den Veränderungsprozessen, die die jüngste Generation in Coaching und Beratungsstellen auslöst, während **Abschnitt V** die Herausforderung für Betriebe und Institutionen beleuchtet, den Erwartungen der verschiedenen Generationen gerecht zu werden, um für alle ein attraktiver Arbeitgeber zu bleiben. Leitgedanke ist, bei aller Unterschiedlichkeit ein positives Miteinander zu finden.

Aus betrieblicher Sicht gibt es im Moment drei Generationen, die sich deutlich voneinander abgrenzen lassen. Die geburtenstarken Jahrgänge 1945 bis 1965 heißen **Babyboomer**. Danach kommt die **Generation X**, zu der auch die Autorinnen gehören. Und schließlich haben wir die **Generation Y** (das spricht man gerne englisch aus, also wie das Wort «why»), das sind die Jahrgänge ab 1985. Auf **Generation Z** werden wir auch eingehen. Diese Generation ist jedoch noch jung und kommt erst gerade im Arbeitsleben an. Deswegen können Aussagen dazu nur unter Vorbehalten gemacht werden. Jede dieser Generationen wird im Folgenden mit ihren Eigenarten, Stärken und Bedürfnissen skizziert.

Um es gleich vorwegzunehmen: Natürlich kann man eine Generation nicht am Geburtsdatum festmachen und alle Individuen eines Jahrgangs gleichsetzen. Ohne eine gewisse Verallgemeinerung lässt sich jedoch kein soziologisches Ordnungsmodell entwerfen. Mit Modellen, ob das nun in der Physik, in der Chemie oder in der Soziologie ist, versucht man, die Lebendigkeit der Wirklichkeit einzufangen, zu abstrahieren, zu systematisieren und dadurch einen Überblick zu bekommen. Dieser dient der allgemeinen Orientierung, gilt aber natürlich nicht zwingend für jeden Einzelfall.

Mit der Generationenforschung ist es ähnlich wie mit interkulturellem Management: Natürlich sind nicht alle Chinesinnen gleich und die Schweizer alle anders als die Deutschen. Wenn wir jedes Individuum einzeln betrachten, sind vielleicht sogar der Chinese Chan und der Schweizer Ueli einander ähnlicher als Chan und Xung. Doch wenn wir Schweizer Führungskräfte darin trainieren möchten, mit China erfolgreiche Handelsbeziehungen aufzubauen, dann kommt es besonders darauf an, die Unterschiede herauszuarbeiten. Das Verständnis für eventuelle Abweichungen hilft, gut miteinander umzugehen. Mit den Generationen werden wir in diesem Buch ähnlich verfahren. Wir verallgemeinern und vereinfachen ganz bewusst und greifen das Typische heraus, um die Unterschiede zu verstehen und den Umgang miteinander zu verbessern.

Das Modell gilt nicht weltweit, und vielleicht erlebt ein Y-ler mit Migrationshintergrund einen Erziehungsstil ähnlich dem der Babyboomer-Zeit in unserer deutschsprachigen Kultur. Das ist die interkulturelle Grenze. Auch gibt es einen Stadt-Land-Unterschied. Häufig ist die Stadt dem Land voraus und so können sich die Jahrgänge der Generationen je nach Wohn- und Arbeitsort etwas verschieben. Ganz wichtig ist auch das Elternhaus, in dem man aufgewachsen ist. Wer hat uns erzogen? Waren es eher fortschrittliche oder sehr traditionelle Eltern? Entsprechend können die eigenen Erfahrungen eher denjenigen einer späteren oder früheren Generation ähnlich sein. Und natürlich spielt auch der konkrete Geburtsjahrgang eine Rolle. Vielleicht befindet sich jemand an der Grenze zwischen zwei Generationen und hat von beiden etwas.

Die Generation, zu der wir gehören, ist nur ein Diversity-Kriterium neben anderen. Wir unterscheiden uns auch nach Geschlecht, Ethnie, sozialer Herkunft und individueller Persönlichkeit. Und doch hat jede Generation ihre eigenen Werte, ihre typischen Denk- und Verhaltensmuster. Diese sind oft der Schlüssel zu Konflikten.

Es lohnt sich also, die Generationenunterschiede zu kennen und zu verstehen: Was braucht mein Gegenüber, das aus einer anderen Generation kommt? Weshalb reagiert es in bestimmten Situationen anders als ich?

Dabei kann das hier vorgestellte Generationenmodell für Sie im Arbeitsleben und im Bildungsbereich ein sehr nützliches Instrument sein. Es gibt Ihnen Ideen, wie Sie sich gut verhalten können, ein Repertoire an Verhaltensweisen, mit deren Hilfe Sie im Alltag besser reagieren können.

Generationenmodell

Was sind Generationen?

Sie kennen den Begriff aus Biologie und Medizin. Immer wenn geboren wird, gibt es eine neue Generation. Großeltern, Eltern und Kinder vertreten drei verschiedene Generationen. Geboren wird aber in jeder Sekunde – zu schnell für die Soziologie, die sich für die Entstehung von Trends, Regelmäßigkeiten und Verhaltensmustern interessiert. Wir möchten Ihnen den Begriff «Generation» so vorstellen, wie er in der Soziologie verwendet wird. Wir Soziologinnen schauen immer aus der Adlerperspektive, ob sich die Gesellschaft verändert hat, ob sich relevante Gruppen ausbilden, und dann fangen wir an zu forschen und zu analysieren. 1928 formulierte Karl Mannheim basierend auf seinen Beobachtungen erstmals einen soziologischen Generationenbegriff. Er stellte fest, dass Menschen, die in einem bestimmten Kulturkreis in einer bestimmten Zeit leben, ähnliche Erfahrungen machen, die ihre Werte, Einstellungen und Verhaltensweisen beeinflussen. Diese Ähnlichkeit ist dann das, was wir als generationentypisch bezeichnen.

Umgekehrt kann man formulieren: Das, was für eine Generation charakteristisch ist – wie sie denkt, welche Werte und welche Verhaltensweisen sie ausbildet –, ist die Antwort dieser Generation auf das, was sie in der Welt erlebt.

Im Leben eines Menschen gibt es zwei besonders wichtige Entwicklungsphasen: die Kindheit und das junge Erwachsenenalter. In der Kindheit prägen uns vorrangig die Eltern. Die Soziologie betrachtet im Gegensatz zur Psychologie nicht die individuellen Eigenarten des Vaters oder der Mutter, sie sucht vielmehr nach Gemeinsamkeiten größerer Gruppen von Menschen und fragt: «Was war zu dieser Zeit für alle Kinder dieses Kulturkreises normal?»

In der zweiten wichtigen Phase unserer Entwicklung, im jungen Erwachsenenalter oder der sogenannten späten Adoleszenz, überdenken wir unsere Werte und Einstellungen. In dieser Phase wollen wir weg von den Eltern, ein eigenes Leben führen. Und prompt tauchen ganz neue Fragen auf: «Wie ist die Welt? Ist da ein Platz für mich? Werde ich überhaupt gebraucht?» In dieser Phase schauen wir die Welt erstmals mit eigenen Augen an. Und wir merken, dass sie anders ist als das, was uns die Eltern über sie erzählt haben. Entsprechend korrigieren wir die eigene Wertorientierung und passen unser Verhalten den neuen Gegebenheiten an.

Werte werden in der Soziologie definiert als Vorstellungen davon, was in einer Gesellschaft als erstrebenswert gilt.[1] Wenn ein Mensch bestimmte gesellschaftliche Werte verinnerlicht und sein Handeln danach ausrichtet, nennt man das seine Wertorientierung. Ein solcher Wert kann zum Beispiel Regeltreue sein: «Man soll sich an die Regeln halten.» Eine Person mit dieser Wertorientierung wird auch dann an einer roten Ampel warten, wenn weit und breit kein Auto in Sicht ist.

Die Werte, Einstellungen und Verhaltensweisen einer Generation werden in der Kindheit und im jungen Erwachsenenalter geprägt. Wenn wir viele Jahre später in Konfliktsituationen kommen, in denen wir uns in unseren Werten angegriffen fühlen, handelt es sich dabei oft um dieselben Werte, die uns schon mit Anfang zwanzig wichtig waren.

Wenn wir uns jetzt die Generationen vorstellen, die zurzeit im Arbeitsleben und Bildungswesen aktiv sind, werden wir immer dieselben Fragen stellen: Was ist typisch für die Generation in der Kindheit? Was hat sie in der späten Adoleszenz oder im jungen Erwachsenenalter erlebt? Welche Auswirkungen hat das auf den Arbeitsalltag und die Lern- und Lehrsituationen?

Die Babyboomer

Personen der Jahrgänge 1945 bis 1965 zählen zu den Babyboomern, der heute ältesten noch im Arbeitsleben und im Bildungsbereich aktiven Generation. Die ersten von ihnen sind bereits pensioniert.

Kindheit

Wie wachsen sie auf? Um es in einem Bild zu sagen: Man ist gefangen im Tunnel der Tradition, rechts Granitfelsen, links Granitfelsen.

Die Lebenswege sind vorgezeichnet. Was wird der Sohn des Schreiners? Schreiner. Wer darf studieren? Söhne – aber keineswegs alle. Nicht einmal alle reichen. Im Normalfall Ärztesöhne, Lehrersöhne, Pfarrerssöhne. Also diejenigen, deren Vater bereits studiert hat. Bei den Mädchen heißt es: «Ach, Mädel, du heiratest ja eh. Warum in eine teure Ausbildung inves-

---

[1] Kluckhohn (1951) definiert Werte als Konzeptionen des Wünschenswerten.

tieren?» Damals ist es selbstverständlich, dass Frauen mit der ersten Schwangerschaft den Beruf aufgeben, nicht nur für die Zeit, in der die Kinder klein sind, sondern für das ganze Leben. Wenn man es sich leisten kann, bleiben die Frauen ihr Leben lang Hausfrauen. Zusätzlich gehen sie oft einer ehrenamtliche Tätigkeit nach, zum Beispiel in der Kirchengemeinde.

Die patriarchale Gesellschaft wird kaum hinterfragt. In den Familien hat der Vater das Sagen, direkt danach kommt die Mutter und anschließend dürfen auch noch alle anderen Erwachsenen mitreden. Kinder müssen gehorchen. Das bedeutet, sie müssen ohne Widerrede, im Zweifelsfall gegen ihren Willen und gegen ihre Überzeugung handeln, wenn die Erwachsenen es ihnen befehlen. Wie schafft man es, dass Menschen in diesem strengen Sinne gehorchen? Durch Strafen und Ausgrenzung. Die Babyboomer werden als Kinder geprügelt, wenn sie Pech haben sogar mit dem Kochlöffel oder dem Gürtel. Sie werden bloßgestellt, in die Kälte hinausgesperrt, in den Keller, oder ohne Essen zu Bett geschickt. Die Strafen für Kinder sind aus heutiger Sicht sehr hart; damals war das normal. Und wenn eines sich verteidigen will, sagt man: «Willst du auch noch frech werden?!»

Tunnel der Tradition. Die Lebenswege der Babyboomer sind vorgezeichnet.

Ein Babyboomer-Kind kann die Anerkennung seiner Eltern und später der Lehrerinnen und Lehrer durch zwei Verhaltensweisen erreichen: Gehorsam und Fleiß. Die Tüchtigen, das sind die Guten. Das liegt nicht etwa daran, dass die Eltern der Babyboomer es nicht gut meinen mit ihren Kindern. Aber man braucht schon früh ihre Arbeitskraft im Haushalt und in der Landwirtschaft. Man benötigt fleißige Kinder, um sie satt zu bekommen. Erziehungsziel ist: «dass aus ihnen etwas wird», also dass sie später ihre Existenz sichern können. Dazu gehört auch, nicht aus der Reihe zu tanzen, sonst kann es schnell passieren, dass man aus der Dorfgemeinschaft ausgegrenzt wird.

Doch die Kinder lernen schnell, mit dieser Normalität umzugehen. Stellen wir uns eine typische Szene aus der Babyboomer-Kindheit vor: Der Vater kommt nach Hause und fragt das Kind: «Und, hast du es erledigt?», und während es überlegt, was es hätte tun sollen, bekommt es schon eine übergebügelt. «Du Faulenzer! Warum hast du wieder nichts geschafft?» Beim zweiten Mal, wenn der Vater kommt und fragt: «Und, hast du es erledigt?», rennt das Kind gleich weg, überlegt sich «O je, was hätte ich denn machen sollen?» Und während es rennt, fällt es ihm vielleicht ein und es biegt in die richtige Richtung ab, um es schnell zu erledigen, denn es ist ja klug und möchte der Strafe ausweichen. Beim dritten Mal flitzt das Kind schon los, wenn es den Vater nur von weitem kommen sieht, und erledigt, was es hätte tun sollen. So sieht Erziehung in einer hierarchischen Gesellschaft aus. Ihr Ergebnis ist vorauseilender Gehorsam.

Zum Vergleich: Wenn Sie heute im Betrieb am Horizont auftauchen, vielleicht als Führungskraft oder Lehrperson – passiert irgendetwas bei Ihren jungen Mitarbeitenden oder Lernenden, dass sie stramm stehen würden oder in irgendeine Richtung rennen? Im Normalfall nicht. Die heutige Jugend ist nicht geprügelt worden, sie kennt diese tiefe Angst nicht. Also muss die Führungskraft präzise wiederholen, was sie haben will, bis der Auftrag ausgeführt wird. Aus Angst rennt die heutige junge Generation nicht.

Jugend / Junge Erwachsene

Nun werden die Babyboomer älter. Sie haben eine historische Chance: das Wirtschaftswunder. Es gibt bezahlte Arbeit, man kann jobben gehen und sich von den Eltern unabhängig machen.

Aufgrund der guten wirtschaftlichen Lage werden auch das Bildungssystem und das Gesundheitswesen stark ausgebaut. Entsprechend kommen immer mehr Menschen in den Genuss von Bildung. Die Eltern der Babyboomer haben vielleicht noch gehört: «Sieben Jahre Volksschule, das reicht!» Jetzt werden Ausbildung und Studium zunehmend wichtig. Die Jugendlichen und jungen Erwachsenen erhalten die Möglichkeit, zuhause auszuziehen und unabhängiger zu werden, denn für die Ausbildung müssen sie meist woanders hin, z. B. in eine andere Stadt, in ein anderes Dorf.

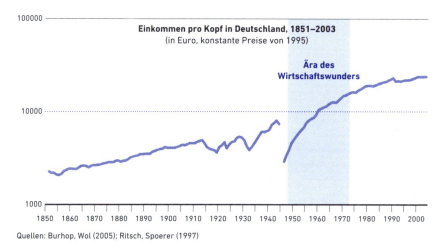

Quellen: Burhop, Wol (2005); Ritsch, Spoerer (1997)

Einkommen pro Kopf in Deutschland, 1851–2003. Zwischen 1948 und 1973 verdoppelt sich das Pro-Kopf-Einkommen in Deutschland. Der Ausbau von Bildungssystem und Gesundheitswesen wird möglich.

An einem anderen Ort, mit anderen jungen Menschen zusammen in Ausbildung und Studium, aber noch geschützt vor der vollen Last der Existenzsicherung, geschieht etwas: Die Babyboomer erweitern den Anwendungsbereich von Kommunikation. Bisher hatte sie vor allem als Mittel zum Austausch von Sachinformationen gedient («Hast du es erledigt?»). Jetzt wird sie zum Mittel für den Austausch von Gedanken und Gefühlen.

Die Babyboomer beginnen damit, Themen miteinander zu besprechen wie: «Was ist Liebe?»

«Das, was meine Eltern leben», denken die Babyboomer, «kann keine Liebe sein! Der Vater schreit, schlägt und hat immer das letzte Wort. Die Mutter kann ihre guten Ideen nicht durchsetzen und muss ihn noch todmüde bedienen. Das kann keine Liebe sein!» Und im zweiten Schritt folgt die Selbstreflexion: «Wollen wir wirklich auch so sein? Wir müssen doch etwas anderes finden, wir wollen keine hierarchische Liebesbeziehung!» Es bilden sich Paare und bald kommt ein weiteres Thema auf: «Wie wollen wir unsere Kinder erziehen? Sicher nicht so, wie wir selbst erzogen wurden. Nicht so streng!» Zum ersten Mal stellt sich also eine Generation Fragen wie: «Will ich das auch? Was hat das, was ich selbst erlebt habe, mit mir gemacht?» Die Babyboomer erfinden die Selbstreflexion.

Hippies und Flowerpower. Hippies, barfuß, mit langen Haaren, verkörpern den Widerstand gegen jede Einengung. Im Hintergrund die Menschenkette gegen Panzer, ein neues, friedliches Engagement für eine bessere Welt.

Zusammen mit der Bildung und den neuen Möglichkeiten, selbst Geld zu verdienen, hilft die Selbstreflexion den Babyboomern dabei, aus dem engen Rahmen der Tradition auszubrechen und den vorgezeichneten Lebensweg zu verlassen. Sie ermöglicht es ihnen also, die durch ihre Eltern vermittelten Werte zu relativieren. Die wichtigste Frage, die sie sich stellen, ist: «Wie will ich leben?» Die Radikalsten kaufen sich ein Ticket und fliegen nach Indien. Zurück kommen sie mit Meditation – das Wort hat in Europa bislang noch niemand gehört. Andere kaufen sich einen alten VW-Bus und fahren nach Griechenland an den Strand. Dort treffen sie andere junge Erwachsene und diskutierten die Frage: «Wie wollen wir leben?»

Viele trauen sich nun auch zu formulieren, was sie gerne lernen wollen. Die Mädchen hätten vielleicht dem Plan ihrer Eltern gemäß nur ein Jahr die Hauswirtschaftsschule besuchen sollen, nun sagen sie: «Ich will eine richtige dreijährige Ausbildung machen.» Den Wunschberuf lernen zu dürfen, das ist damals schon ein großes Ziel und Zeichen für Freiheit und Selbstbestimmung.

Es sind nicht nur die individuellen Möglichkeiten aufgrund von Wirtschaftswunder und zunehmenden Bildungschancen, die den Babyboomern den Mut geben, den Tunnel zu verlassen. Auch die allgemeine Aufbruchsstimmung und der Fortschrittsglaube in der Gesellschaft geben Rückenwind. Die Babyboomer haben teilweise als kleine Kinder noch erlebt, wie man das Land mit dem Pferd bewirtschaftet. 1969 erleben sie die erste Mondlandung: ein unglaublicher technischer Fortschritt. Der Fortschrittsglaube kennt keine Grenzen. Noch zwei, drei große Staudämme in Afrika, und wir bekommen den Welthunger in den Griff. Wirtschaftswachstum, technologischer Fortschritt und Bildungsexpansion führen bei den Babyboomern zum Lebensgefühl: «Wir werden die Welt verbessern!», «Alles ist möglich!» Die typischen Themen der Babyboomer sind Selbstbestimmung, die Welt verbessern, Visionen haben und sich für diese Visionen einsetzen. Alles ist möglich!

Arbeitsleben

Was ist übrig geblieben? Es sind vor allem zwei Dinge, die die Babyboomer von ihren Eltern übernommen haben. Erstens der Vorrang von Arbeit, zweitens die Hierarchie.

Die Einstellung «Erst die Arbeit, dann das Vergnügen» sitzt tief. Allein die Frage eines Lehrlings «Kann ich heute ein bisschen früher gehen?» ist für sie schon ein Fauxpas. Selbst die Bemühung, pünktlich Feierabend zu machen, kann einen Beigeschmack bekommen: «Die Jungen gehen immer pünktlich. Wir bleiben, bis die Arbeit fertig ist.» Wird irgendwo viel und laut gelacht, entsteht für Babyboomer unbewusst schnell der Eindruck: «Die schaffen nix!» Und wenn junge, kinderlose Kollegen und Kolleginnen eine 80-Prozent-Stelle möchten, fragen sich die Babyboomer: «Wann wollen die eigentlich anfangen mit arbeiten?»

Stichwort Hierarchie: Obwohl sie im Erwachsenenalter darüber reflektiert und sogar in den 68er-Studenten-Revolutionen hart dagegen gekämpft haben, ist die Hierarchie den Babyboomern noch immer im Blut. Wir neigen dazu, das, was wir selbst als «normal» oder «richtig» empfinden, unbewusst auch von anderen zu erwarten. Unterordnung wird selbstverständlich vorausgesetzt, und zwar besonders bei den Jüngeren. Alter und Dauer der Betriebszugehörigkeit sind klare Hierarchie-Merkmale.

Wenn im Betrieb junge Mitarbeitende oder Auszubildende nicht sofort das tun, was ihnen aufgetragen ist, sondern dreimal nachfragen oder Gegenvorschläge einbringen, empfinden das die Babyboomer schnell als anmaßend. Aus ihren Lehrjahren kennen sie eine klare Hierarchie, die mit Alter und langjähriger Betriebszugehörigkeit zu tun hat. Man muss sich hocharbeiten. Im ersten Lehrjahr wird Kaffee gekocht und die Werkstatt gefegt. Wenn sich heute junge Kollegen und Kolleginnen ab dem ersten Tag auf Augenhöhe fühlen und all ihre Vorschläge und Meinungen einbringen, ist das für Babyboomer befremdlich, sie hätten sich das früher nie getraut. Bis heute sagen Babyboomer erst dann etwas, wenn sie sich ihrer Sache hundertprozentig sicher sind. Zu häufig haben sie hören müssen: «Schweig, du bist nicht gefragt worden!»

Entsprechend haben Babyboomer ein klares Verhältnis zu Regeln: Regeln sind Regeln und haben ihren Sinn. Es irritiert sie, wenn Regeln von Jüngeren hinterfragt werden oder diese versuchen, Ausnahmen für sich zu verhandeln.

Ähnlich sieht es mit der Pünktlichkeit aus. Weil sie es selbst früher nie gewagt hätten, unpünktlich zu sein, empfinden die Babyboomer den laxen Umgang mit Terminen bei Jüngeren schnell als respektlos.

Auch die Feedbackkultur der Babyboomer ist nicht frei von Hierarchie. «Feedback» heißt für Babyboomer immer Kritik von oben nach unten und nicht umgekehrt. Sie sind schon irritiert, wenn Lernende oder junge Kolleginnen ihre Vorgesetzten fachlich loben, aber wenn sie diese korrigieren, dann spätestens ist Schluss.

Auch im Umgang mit Fehlern unterscheiden sich die Generationen deutlich voneinander. Jugendliche der Generation Y pflegen einen offenen Umgang damit und begründen Fehler gerne ausführlich. «Ja, deswegen und aus dem Grund ist das so passiert.» Sie sind in einer Fehler- und Lernkultur groß geworden, in der man die Frage stellt: «Wie kam es dazu?» Wenn junge Kollegen und Kolleginnen oder Lernende also bei einem Fehler sofort Erklärungen liefern, denken Babyboomer: «Das sind Ausreden!» Ihnen ist die Grundhaltung der jüngeren Generationen «Irren ist menschlich» sehr fremd. Denn Babyboomer sind für Fehler bestraft oder lächerlich gemacht worden. Fehler dürfen nicht passieren. Darum trauen viele Babyboomer der konstruktiven Fehlerkultur nicht und geraten in eine Verteidigungshaltung oder in Panik, wenn ihnen ein Fehler unterläuft.

Lernen ist für die Babyboomer bis heute etwas sehr Wichtiges. Bildung war für sie der Weg aus dem Tunnel in ein selbstbestimmtes Leben. Darum ist Lernen immer eine Chance, und sei es zur Persönlichkeitsentwicklung. Wenn dann die Jungen manchmal sagen, «muss ich das lernen, ist das wirklich prüfungsrelevant?», denken die Babyboomer, «Mein Gott, die Jugend von heute ist wirklich unmotiviert, sie denkt nur an ihre Prüfungen. Lernen ist doch eine Chance, die sollten über den Tellerrand hinaus lernen und nicht nur für die Prüfung.» Der junge Lernende weiß aber, dass es lebenslanges Lernen gibt mit Wikipedia, Google und modularen Aufbaukursen. Da ist es viel sinnvoller, sich jetzt auf die Prüfung zu konzentrieren. Viele Babyboomer fassen das als Desinteresse auf.

Noch etwas ist sehr typisch für Babyboomer: «Erst die Arbeit, dann das Vergnügen.» Die Arbeitsmoral haben sie von ihren Eltern übernommen. Wenn es hart auf hart kommt, arbeiten die Babyboomer einfach mehr, länger, die Pausen durch und auch dann noch, wenn sie schon halb krank sind. In den Köpfen geistert noch immer das Sprichwort herum: «Was du heute kannst besorgen, das verschiebe nicht auf morgen.» Es ist die Generation, die am ehesten in einen Burnout läuft. Es ist sogar die Generation, in der der Burnout zum ersten Mal beschrieben worden ist.

Arbeitsmoral und Leistungsbereitschaft haben einen hohen Stellenwert. Etwas nicht zu schaffen, wird als persönliches Versagen erlebt. Wenn die Berge so hoch sind, dass sie nicht mehr abzutragen sind, haben Babyboomer oft keine Notbremse, denn die Idee der Work-Life-Balance wird erst für die nachfolgenden Generationen zu einem relevanten Wert.

Mit der Babyboomer-Generation haben wir eine hochloyale, sehr arbeitsame Generation mit großem Durchhaltevermögen. Denn Durchhalten ist die wichtigste Tugend im Tunnel.

Generation X

Generation X, das sind die Geburtsjahrgänge 1965 bis 1985. Bitte bedenken Sie auch hier wieder: die Übergänge sind fließend. Für Generation X haben wir zwei Bilder: eines für die Kindheit, das zweite für das junge Erwachsenenalter.

Kindheit

Bei der Geburt hat der Storch die Kinder der Generation X in den Sahnetopf fallen lassen. Diese Kinder erleben, wie im Zuge des Wirtschaftswachstums der Reichtum in die Familien durchsickert. Die erste Kugel Eis! Richtiges Spielzeug zum Geburtstag! Früher hat man einfach etwas bekommen, was praktisch ist, die warmen Fausthandschuhe zum Beispiel. Nun Playmobil und Barbiepuppen.

Durch den Einsatz der Anti-Baby-Pille ist die Zahl der Geburten rückläufig, es entsteht der sogenannte Pillenknick. Generation X kommt aus kleineren Familien mit weniger Kindern. Diese Kinder erleben zum ersten Mal auch ein bisschen Langeweile. Denn Kinder der Generation X müssen im Vergleich zu den Babyboomern viel weniger arbeiten und im Haushalt helfen. Es gibt weniger Geschwister zum Spielen, nicht so viele Gleichaltrige auf der Straße. Gut, dann gehen sie eben in ihr Zimmer und spielen dort vielleicht allein mit ihrem Spielzeug. Das kann schon mal ein bisschen langweilig sein oder auch einsam. Spätestens beim ersten Liebeskummer kommt die Einsamkeit wirklich über sie. Denn was können die X-ler machen, wenn sie vielleicht mit 14 Jahren vor Liebeskummer nachts nicht schlafen können? Die Geschwister wecken? Geht nicht, wenn man schon ein eigenes Zimmer hat. Die beste Freundin oder einen Freund anrufen? Unmöglich. Es gibt nur das Festnetztelefon, fest verschraubt neben dem Elternschlafzimmer – da kann man unmöglich heimlich leise jemanden anrufen. Zum Vergleich: Ist irgendein Jugendlicher heute nachts allein? Nicht, solange es WLAN gibt.

Später werden die X-ler die Fähigkeit, sich mit sich selbst zu beschäftigen und sich selbst zu trösten, noch brauchen.

Der zunehmende Wohlstand in den Familien führt auch dazu, dass fast jeder Haushalt irgendwann einen Fernseher hat. Was guckt Generation X? Pippi Langstrumpf. Hier wird es interessant. Pippi Langstrumpf ist weder anständig noch wohlerzogen. Trotzdem ist sie ein schönes Kinderideal: lebendig, fröhlich, mutig, kreativ und sehr sozial. Selbst die Eltern sagen: «Schau du mal Pippi Langstrumpf.»

Diese Eltern erziehen ihre Kinder bewusst etwas weniger anständig. Denn was ist früher Anstand gewesen? Kennen Sie diese Fotos, schwarzweiß, von kleinen Kindern im Anzug beim sechzigsten Geburtstag des Großvaters? Kinder, die zweieinhalb Stunden beim Festessen am Tisch sitzen müssen und nicht aufstehen dürfen? Das war Anstand. Diese Kinder sehen auf den Fotos unglücklich aus. Das wollen die Eltern der X-ler nicht mehr. Sie wollen authentische Kinder. Nun werden aus diesen authentischen Kindern junge Erwachsene, die hinaus wollen in die Welt. Was sehen und erleben sie?

Jugend / Junge Erwachsene

Jetzt kommt das zweite Bild zum Zuge. Was findet sich in den 80er-Jahren in den Schlagzeilen? Globale Umweltzerstörung. Wir haben im April 1986 die atomare Katastrophe in Tschernobyl, ein Ereignis, das in Sekundenschnelle den Gelehrtenstreit beendet, ob Atomkraft nun gefährlich ist oder nicht. Im November des gleichen Jahres färbt sich vom Raum Basel aus der Rhein rot. Bei einem Brand bei Sandoz im Gebiet Schweizerhalle fließt hochgiftiges Löschwasser in den Rhein, löst ein großes Fischsterben aus und macht die Trinkwasserversorgung in weiten Teilen Deutschlands für Wochen zur Herausforderung. 1988 versucht Klaus Töpfer, damals Umweltminister von Rheinland-Pfalz, später Bundesumweltminister, die Sauberkeit des Rheins zu belegen und springt demonstrativ vor laufender Kamera ins Wasser. Man hört erstmals, dass die Gletscher schmelzen. Wir haben FCKW – Fluorkohlenwasserstoff – als Treibgas für so wichtige Dinge wie Deodorant oder Schuhsprays, als Kältemittel für Kühltruhen und als Reinigungs- und Lösemittel. Gleichzeitig zeigen wissenschaftliche Studien: Die FCKW tragen massiv zur Vergrößerung des Ozonlochs über den Polen bei. Mit welchen Folgen? Erstens dringt vermehrt aggressive Sonnenstrahlung ein, damit steigt das Risiko für Krebs, und zweitens entweicht durch das Ozonloch unsere Atmosphäre ins Weltall und mit ihr der Sauerstoff.

Jugendliche sind klug. All dies lesen sie auf der Wissenschaftsseite in der Zeitung. In derselben Zeitung im Wirtschaftsteil lesen sie von den steigenden Gewinnen der Firmen, die FCKW produzieren. Und Jugendliche kombinieren gerne. Die Jugendlichen der gut versorgten Generation X bekommen das Gefühl, dass ihre Welt hier frontal vor die Wand gefahren wird. Ihre Zukunft gibt es gar nicht mehr. Sie wird von den etablierten

Generation X frontal an die Wand gefahren. Globale Umweltzerstörung, die atomare Katastrophe in Tschernobyl, der Chemieunfall von Sandoz in Basel: Generation X fühlt sich um die eigene Zukunft betrogen.

Erwachsenen kaputtgemacht – von der Wirtschaft, die sich gnadenlos bereichert, und von Politikern, die tatenlos zuschauen. Diese Erwachsenen sind sogar bereit, für kurz- und mittelfristige Gewinne die gesamte Menschheit aufs Spiel zu setzen, FCKW und das Ozonloch sind der Beweis dafür. Als nachkommende Generation hat Generation X offensichtlich nichts mehr zu melden und es gibt nicht mehr viel zu retten. Das ist das ganz tiefe Lebensgefühl der X-ler: no future.

Natürlich wollen sie auch glücklich werden. Wie antworten sie? Sie tragen dieses Gefühl, ihre Zukunft werde ihnen geklaut, nach außen. Sie erleben ja etwas Wohlstand und sind die Ersten, die ein bisschen Taschengeld besitzen. Dieses geben sie für Kleidung und Musik aus. Es entstehen jugendliche Subgruppen: Die Punker tragen die Wut nach außen und machen sie sichtbar. Aggressive Musik, aggressiver Tanzstil, aggressive Kleidung und aggressiver Schmuck – nette Menschen. Dann gibt es die Gruftis: schwarzer langer Mantel, leichenblass geschminkt. Die richtig guten unter ihnen stellen sich einen Sarg ins Kinderzimmer, legen eine Kuscheldecke hinein und gehen abends so ins Bett. Die Mutter kommt ins Jugendzimmer und denkt: «Oh, Gott, mein Kind ist selbstmordgefährdet», sie bekommt bald einen Herzinfarkt. Und die Jugendlichen denken: «Ja, bekomm du mal einen Herzinfarkt, du blöde Kuh.» Bis in die Familien hinein tragen diese Kinder ihren Frust und ihre Wut. Sie kämpfen für eigene Räume und autonome Jugendzentren, weil sie bei den etablierten Erwachsenen nicht mitmachen möchten. Sie kämpfen auch gewalttätig. Es ist die Zeit der Jugendproteste, in der auch Pflastersteine fliegen. Aber die X-ler haben keine echte Vision. Das ist der große Unterschied zu den Babyboomern, deren weltweite Visionen sie lächerlich und blauäugig finden.

Und was passiert, wenn man eigentlich nicht so ganz genau weiß, wofür man kämpft, sondern hauptsächlich wogegen? Dann geht Energie verloren. Genau das passiert dieser Generation. Da ihr angesichts einer zerstörten Welt die gemeinsamen Ideale und Visionen fehlen, zieht sie sich irgendwann auf sich selbst zurück. Individualismus ist der neue große Wert. Nicht mehr die Welt retten, sondern eigenverantwortlich das eigene Leben möglichst schön gestalten.

Auch hier gibt es eine Subgruppe, die das sehr gut nach außen trägt. Eine neunte, zehnte Klasse in den 80er-Jahren. Die Tür geht auf nach den Sommerferien, herein kommen drei Schüler. Ein Mädchen und zwei Jungs in eleganter Businessgarderobe. Die müssen nichts mehr sagen, die ganze Klasse schaut sie staunend an und die Botschaft ist klar: «Lasst die Welt untergehen. Den letzten guten Job bekomme ich.» Die Popper kommen auf, später die Yuppies und Dinks (double income, no kids). Von ihnen wird der Boden bereitet für Werte wie «Lebensqualität» und «Work-Life-Balance», die bis zur nächsten Generation die Arbeitsmoral der Babyboomer verdrängen werden. Das ist die Antwort von Generation X: Individualismus.

Generation X greift mit dieser Antwort auf eine Ressource zurück, die sie in ihrer Kindheit schon gebildet hat. Sich selbst trösten bei Liebeskummer, sich mit sich selbst beschäftigen, Langeweile aushalten. Angesichts der zerstörten Zukunft ist ihre Antwort: Ich muss mich selbst am Schopf aus dem Sumpf ziehen. Die Welt – Entschuldigung – können wir nicht mehr retten. Wir kümmern uns um uns selbst.

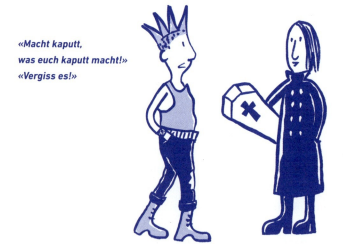

«Macht kaputt, was euch kaputt macht!»
«Vergiss es!»

No Future, Punks und Gruftis. Generation X entwickelt in der Jugend das Lebensgefühl «No future». In Subgruppen wie den Punkern und Gruftis bringt sie ihre Wut und Frustration über eine zerstörte Zukunft zum Ausdruck.

Arbeitsleben

Die Grundhaltung des Individualismus aktiviert die Generation X auch später noch. Für das Arbeitsleben entsteht daraus ein ganz großer Wert: Eigenverantwortung. Wenn Sie ein Projekt haben, das über eine längere Zeit eigenverantwortlich durchgezogen werden muss, geben Sie es einem X-ler oder einer X-lerin – «Endlich mal in Ruhe selbstständig an etwas arbeiten können!», wird er oder sie dankbar sagen.

Was ist sonst noch übriggeblieben bei Generation X im Arbeitsleben? Authentisch sein. Ein kleines Stückchen Pippi Langstrumpf. Es kann Generation X schon mal passieren, dass die Führung morgens nicht alle grüßt. Es kann schon mal passieren, dass ein Mitarbeiter ganz authentisch sagt: «Ich habe heute keinen Bock» und das im 15-Minuten-Rhythmus wiederholt. Dann kann man beobachten, spätestens zur Mittagspause hat er das ganze Team demotiviert. Dieses authentische «Seine-Gefühle-den-anderen-Zumuten» finden wir am ehesten bei Generation X.

Noch ein Punkt. Generation X hat gesehen, man kann pro oder contra Atomkraftwerke sein, aber Tschernobyl fliegt in die Luft. So hat diese Generation tief verinnerlicht, dass alles kritisch hinterfragt werden muss, auch Betriebsentscheidungen, auch Beschlüsse von Vorgesetzten. Sie gehen sogar davon aus, dass kritisches Hinterfragen ein Zeichen von Engagement, Mitdenken und Eigenverantwortung ist. Sie können sicher sein, Babyboomer denken das nicht. Und wieder anders tickt Generation Y: Sie hätte es lieber konstruktiv als kritisch.

Die Kehrseite dieser großen Stärke der Generation X ist, dass sie eine ausgeprägte Eigenverantwortung genauso von den anderen Generationen erwartet, auch von sehr jungen und unerfahrenen Mitarbeitenden. Immer wieder passiert es X-lern, dass sie als Führungskräfte oder in der Ausbildung hauptsächlich Eigenverantwortung erwarten und vergessen, dass sie selbst anleiten, kontrollieren, einfordern, loben und erinnern müssen. Dadurch entstehen häufig Missverständnisse und Enttäuschungen.

Wenn es zu Konflikten in Mehrgenerationen-Teams kommt, werden wir oft zur Teamentwicklung eingeladen. Dann reisen wir an, stellen den Tagesablauf vor, so wie wir ihn uns überlegt haben, und schon geht eine Hand hoch – es ist immer Generation X – und jemand sagt: «Frau Engelhardt, ich zweifle nicht an Ihrer Kompetenz, aber ... wenn hier jeder seine Arbeit eigenverantwortlich machen würde, brauchten wir die ganze

Teamentwicklung nicht – das ist doch der reinste Kindergarten!» Immer wenn Sie die Wörter «eigenverantwortlich» und «Kindergarten» in einem Satz hören, haben Sie hundertprozentig einen X-ler vor sich.

Das sind die Werte und Aspekte, die Generation X ins Arbeitsleben hineinträgt. Eine verlässliche Generation, aber eine eigenwillige und kritische. Wenn Sie ein Projekt haben, das mal jemand allein durchziehen muss, geben Sie es einem X-ler!

Generation Y

Generation Y, das sind die Jahrgänge ab 1985 bis ungefähr 2000, die Experten sind sich nicht einig, was den Übergang zur Generation Z betrifft.

Welches Bild möchten wir Ihnen zu dieser Generation mitgeben? Generation Y ist abgeschossen in die Galaxie der Möglichkeiten. Alles kann man lernen und studieren und ganz einfach ins Ausland gehen. Die Bildungswege sind durchlässiger geworden. Es liegt aber auch in der eigenen Verantwortung, den besten Weg in dieser Galaxie zu finden, und dadurch entsteht Unsicherheit: «Schaffe ich das, kriege ich das hin?»

Kindheit

Generation Y erlebt einen verständnisorientierten Erziehungsstil. Das Ziel der Eltern ist es, ein gutes Verhältnis zu ihren Kindern aufzubauen und zu erhalten. Eltern lassen ihre Kinder zu Wort kommen, begegnen ihnen mit Wertschätzung und loben mehr. Sie wollen auf Augenhöhe mit ihnen zusammenleben und binden ihre Kinder sehr früh in Entscheidungen ein, z. B. wohin es in den Urlaub gehen soll. Unglaubliche «Macht» der Kinder, könnte man denken. Aber die Eltern haben schnell gelernt, dass der Urlaub doppelt so erholsam und entspannt ist, wenn sich auch die Kinder wohlfühlen.

Die Jüngeren der Generation Y erleben sogar schon den beratenden oder coachenden Erziehungsstil.[2] Hier werden die Eltern zur wichtigen Vertrauensperson. Die Jugendlichen fragen sie bei ganz persönlichen Themen um Rat und vertrauen ihren Eltern ihre Gefühle an. Das ist ein

---

2 Ecarius et al. (2017), vgl. ausführlicher Kapitel II, ab S. 54.

radikaler Unterschied zum hierarchischen Verhältnis der Babyboomer zu ihren Eltern. Dort ist Förderung noch stark mit Strafen gekoppelt und Entscheidungen werden von den Eltern gefällt.

Heute wird gefragt: Was brauchst du, wie kann ich dir helfen? Entsprechend erleben die Y-ler zuhause keine Prügel, das ist die absolute Ausnahme, sondern Verständnis und Unterstützung. Sie haben nie vor dem Vater gezittert oder vor einem Erwachsenen wegen Prügel oder Spott wirklich Angst haben müssen. Darum haben sie kein Gespür für Hierarchien. Selbstverständlich geben sie Feedback von unten nach oben und sagen dem Chef unverblümt, was sie denken. Sie haben nie gehört: «Schweig, du bist nicht gefragt worden!», wenn sie eine gute Idee hatten, sondern ganz im Gegenteil: «Was meinst du dazu, mein Kind?» Die Eltern von Generation Y sind froh, wenn ihre Kinder von der Schule erzählen, jede Geschichte ist willkommen. Generation Y ist gewohnt zu sprechen, mit jedem und zu jeder Zeit.

Generation Y erlebt schon in der Kindheit eine große Flexibilität der Beziehungen, also häufige Wechsel von Bezugspersonen und Freunden. Diese neue Normalität beginnt schon bei kleinen Kindern. Nehmen wir die traditionelle Familie: Ein Kind wird geboren, die Mutter entscheidet sich, die ersten drei oder vier Jahre zu Hause zu sein. Spätestens dann kommt das Kind in den Kindergarten. Und höchstwahrscheinlich wird es die Erzieherin oder den Erzieher lieben! Es wird ab und an kleine Geschenke basteln oder selbstgemalte Bilder mitbringen. Nach zwei oder drei Jahren findet der Wechsel in die Grundschule statt. Wahrscheinlich sieht das Kind die Erzieherin, die es vorher jeden Tag als enge Bezugsperson hatte, nie wieder! Dann kommt die Schule, auch da macht man noch gelegentlich Geschenke, lässt sich vielleicht noch zum Trost in den Arm nehmen. Und nach zwei Jahren? Fast überall findet ein Klassenlehrerwechsel statt, also wieder der Wechsel einer engen Bezugsperson. Spätestens da sagen die Eltern: «Schätzchen, mach dir keine Sorgen, die Frau Maier, die du nächstes Jahr bekommst, ist genauso nett wie der Herr Schulz, den du dieses Jahr hattest.» Und genau das erleben die Kinder! Jede nächste Bezugsperson ist offen, freundlich, nett, unterstützend. Denn Generation Y erlebt eine vollkommen andere Pädagogik als die vorhergehenden Generationen. Das Kind da abholen, wo es steht mit seinen Stärken und Schwächen, das ist die neue Devise. Willkommen heißen, fördern, unterstützen. Auch die Lehrperson wird zum Lerncoach. Darum bewegt sich Generation Y wie der Fisch im Wasser in dieser Flexibilität der Beziehungen.

Jugend/Junge Erwachsene
Was macht Generation Y für Erfahrungen in ihrer Jugend und im jungen Erwachsenenalter? Die Flexibilität der Beziehungen, die sie aus Kindergarten und Schule kennt, geht weiter. Als Generation Praktikum sind die Y-ler immer wieder wochen- oder monatsweise in ganz neuen Kontexten und Teams. Auch Studium und Ausbildung werden zunehmend modularisiert. Das heißt, in diesem Kurs sind sie mit dieser Gruppe, im nächsten Kurs mit einer anderen. Generation Y kann bestens damit umgehen, unter der einen Bedingung: dass sie von Anfang an gut aufgenommen wird. Flexibilität ist nur lebbar, wenn man sofort willkommen geheißen wird. Das eine ist die Pädagogik: mit Stärken und Schwächen angenommen werden. Das andere ist die Klasse oder das Team. Generation Y braucht ein Nest. Sie will sofort vollwertig dazu gehören.

Dazu kommt das Handy mit Messaging und später auch Social Media und Vernetzungsmöglichkeiten zum Beispiel über Facebook (Gründung 2004) und Instagram. Das ist neu und interessant für die Y-ler. Sie werden die ersten Nutzer, verbringen zunehmend Zeit im Netz. Virtuelle und reale Welt gehen fließend ineinander über, man ist vernetzt mit Freunden, die man auch im echten Leben sieht. Urlaub im Funkloch bedeutet soziale Isolation.

In der Galaxie der Möglichkeiten tun sich permanent neue Chancen auf. Das hohe Tempo, in dem Veränderungen stattfinden, ist für Generation Y normal. Die Y-ler erleben auch, dass die Älteren mit diesem Tempo nicht mehr mithalten. In der Weiterentwicklung der Handys und PCs erleben sie das haut- und produktnah. Generation Y ist hier immer mit der Nase vorn und erklärt Eltern und Lehrern, wie die Technik funktioniert oder was gerade das Neueste ist. In der IT-Branche selbst wissen die Professorinnen und Professoren nicht mehr, was sie in die Lehrpläne schreiben sollen. Nach einem Basisstudium können sie den Studierenden nur noch beibringen, wie sie sich auf dem Laufenden halten. Bevor die Lehrpläne geschrieben sind, hat sich die IT-Branche schon wieder selbst überholt.

Galaxie der Möglichkeiten. Die Welt liegt der Generation Y zu Füßen. Sie ist abgeschossen in die Galaxie der Möglichkeiten. Hier ein Planet, da ein Sonnensystem, Sterne flimmern, es gibt einfach alles.

Generation Y erlebt auch, wie in den Berufsinformationszentren von erwachsenen Beratern erklärt wird, dass es neue Berufe geben wird und dass man die Ausbildungsangebote, Berufe und Tätigkeitsfelder der nächsten zehn Jahre noch gar nicht absehen kann. Ratlosigkeit: Was soll man denn dann werden?
Privat möchte sie auf die Möglichkeit zur Veränderung auf keinen Fall verzichten. Wenn man Jugendliche und junge Erwachsene fragt: «Wenn ich dir jetzt deinen Traumjob bieten könnte: interessante Tätigkeit, gutes Gehalt, Ferien, Weiterbildungsmöglichkeiten, nettes Team, und du bekämst diesen Traumjob unter der einen Bedingung, dass du heute unterschreibst, dass du zwanzig Jahre bleibst. Was würdest du tun?» Fast immer ernten Sie auf diese Frage schreckgeweitete Augen. Heute unterschreiben, dass ich für zwanzig Jahre bleibe? «Nein», sagen die meisten, «das würde ich für den tollsten Job der Welt nicht machen.» Das fühlt sich an wie das Urteil «lebenslänglich».

Arbeitsleben

Wie äußert sich dieses Lebensgefühl «Abgeschossen in die Galaxie der Möglichkeiten» im Arbeitsleben? Man darf nicht verloren gehen in dieser Welt der millionenfachen Möglichkeiten. Das ist bei Generation Y wirklich doppelt gemeint, privat wie beruflich.

Generation Y will sofort freundlich und herzlich aufgenommen werden, ein Nest, einen Anker auch im Arbeitsleben haben. Das Team muss sie ab der ersten Stunde wertschätzen und anerkennen. Fachlich gesehen werden die Y-ler immer die Berufe oder die Ausbildungen wählen, in denen sie das Gefühl haben, da gibt es ohne Ende Anschluss-, Weiterbildungs- und Aufstiegsmöglichkeiten. «Ich habe mich noch nicht festgelegt», hören wir häufig. Es wäre ja auch schlimm, sich festzulegen, wenn rundherum eine Galaxie der Möglichkeiten existiert. Es ist die Generation, die am besten ausgebildet ist, denn genau das, die Ausbildung, die stetige Weiterbildung und immer häufiger das Studium sind ihre Schlussfolgerungen aus dem Wunsch, beruflich anschlussfähig zu sein.

Im Arbeitsleben spüren wir, Generation Y will klare Regeln, klare Ansagen, klare Vereinbarungen, ganz klare Aufträge. Früh haben die Y-ler gelernt, bei Mama darf ich dies, im Kindergarten darf ich das, dann gibt es vielleicht noch einen Tag bei den Großeltern und einen beim Papa. Überall gelten unterschiedliche Standards. Es gibt keine allgemeingültigen Normen oder Selbstverständlichkeiten mehr. Also wünschen sie sich, wo immer sie sind, dass die andere Seite klar sagt: Mach dies und jenes so und so, dann bin ich mit dir zufrieden. Klare Regeln zur Orientierung, damit man schnell Anerkennung bekommt.

Gleichzeitig werden sie bei Regeln immer nach Ausnahmen fragen. Denn die Generation Y hat ab dem Moment, in dem sie sprechen kann, bereits verhandeln gelernt. Ein kleines Kind von zweieinhalb Jahren wird von der Mutter gefragt: «Möchtest du Schokopudding oder Erdbeerjoghurt zum Nachtisch?» Und das Kind sagt: «Beides!» Es wird nach seinen Wünschen gefragt. Nie ist ihm das Sprechen verboten worden. Und die Mutter denkt: Ein Löffel Erdbeerjoghurt, ein Löffel Schokopudding, das ist doch von den Kalorien her in Ordnung. Sie sehen: absolut verhandlungsstark sind die Vertreter dieser Generation im Aushandeln von Ausnahmen. Sie wünschen sich Regeln zur Orientierung und werden doch immer versuchen, eine Ausnahme für sich herauszuholen. Sie nehmen es aber auch nicht übel, wenn sie die Ausnahme nicht bekommen, sofern das für sie gut begründet und nachvollziehbar ist.

Sie wollen auch klare Arbeitszeitregelungen. Überstunden und Einspringen, das muss sehr gut begründet sein und ausgeglichen werden. Denn für Generation Y ist Work-Life-Balance eine Selbstverständlichkeit. Es gibt den klaren Vorrang der Arbeitswelt über das Private nicht mehr. In der Galaxie der Möglichkeiten geht es darum, das ganze Leben möglichst angenehm zu gestalten. Beruf und Arbeitszeit sind lediglich ein Teil davon.

Abgeschossen in die Galaxie der Möglichkeiten ist es schwer abzuschätzen, ob man wirklich am besten Ort gelandet ist. Generation Y wünscht sich von den Älteren und Erfahreneren, dass sie ihnen vermitteln: Hier ist es schön, schau mal, was wir hier bewerkstelligen, wir sind die beste Abteilung, guck mal, was wir für tolle Ergebnisse haben, hier bist du richtig. Um auch dem Stress standzuhalten, dass immer irgendwo eine Nachricht reinkommt von Gleichaltrigen, die in einem sozialen Netzwerk posten: «Mein Beruf ist besser, ich bekomme 150 Euro mehr», «ich bekomme Weiterbildungen bezahlt», «Bei mir nimmt sich die Chefin Zeit für mich» … Die permanente Flut von Vergleichsmöglichkeiten erzeugt bei

Generation Y – vernetzt und anschlussfähig. Ob auf der Suche nach der coolsten Party oder nach dem idealen Job – Generation Y ist vernetzt, sucht online und tauscht sich aus.

den Y-lern die Unsicherheit, vielleicht nicht am richtigen Ort in der Galaxie zu sein. Wenn da eine Führung ruhig sagt: «Hier ist der beste Ort, hier bist du gut, hier erreichen wir sinnvolle Ergebnisse», dann sind die Y-ler glücklich. Sie wünschen sich Orientierung und geben ganz viel Motivation und Herzblut, wenn sie das Gefühl haben, ich bin willkommen und weiß, wofür ich da bin.

Das ist unsere Generation Y, immer vernetzt, niemals allein und dann hoch motiviert und durchaus leistungsorientiert.

Generation Z

Es besteht unter Expertinnen und Experten zurzeit noch keine Einigkeit, ob es Generation Z schon gibt oder ob man die gegenwärtige Jugend noch den späten Jahrgängen der Generation Y zuordnen kann. Der bekannte Jugendforscher Klaus Hurrelmann reserviert die Geburtsjahrgänge bis 2000 noch für die vorhergehende Generation Y, während andere über Generation Z schon ab den Jahrgängen nach 1995 sprechen.[3]

Natürlich gibt es Bücher über Generation Z und wir haben kürzlich sogar schon einen Vortrag über eine angeblich übernächste Generation im Netz gefunden, die Generation A bzw. Alpha.[4] Oft bekommt man jedoch den Eindruck, dass die Inhalte nicht wirklich neu sind, sondern dass es sich nur um alten Wein in neuen Schläuchen handelt. Die Frage bleibt, ob die gegenwärtige Jugend den späten Jahrgängen von Generation Y ähnelt und die gesellschaftlichen Erfahrungen, die sie prägen, sich intensiviert, aber nicht wirklich qualitativ verändert haben. Also ein bisschen mehr IT, mehr künstliche Intelligenz, ein anderer Grad an Vernetzung, aber nichts komplett Neues. So hatten die älteren Jahrgänge von Generation Y als Jugendliche den PC zuhause als Computer-Tower unterm Schreibtisch stehen und vielleicht gab es nur einen in der Familie. Heute tragen alle Studierenden ihre persönlichen Laptops oder Tablets in die Vorlesungen und machen ihre Mitschriften elektronisch. Der PISA-Sieger Finnland will die Handschrift abschaffen. Auch das eigene Handy hat man heute selbstver-

---

3 Daniela Eberhardt, Christian Scholz, Martina Mangelsdorf.
4 So nennen sie Antje-Britta Mörstett sowie der Kanadier Mark McCrindle und der Australier Douglas Coupland.

ständlich früher, nämlich schon als Kind, und man hat es auch deutlich häufiger in der Hand. Vielleicht sind es die gleichen Herausforderungen, nur ein bisschen intensiver.

Wenn wir streng beim Generationenbegriff bleiben, müsste sich die Gesellschaft rund um das Jahr 2000 so stark geändert haben, dass die kommende Jugend wirklich eine neue Qualität an Herausforderungen vorfindet und also auch gezwungen ist, neu darauf zu antworten. Die Antworten wären dann die typischen Einstellungen, Verhaltensweisen und Werte dieser Generation.

In manchen Ländern Europas ist das längst und sehr eindeutig der Fall. In Griechenland zum Beispiel hat die Finanzkrise so starke Auswirkungen, dass die Arbeitslosigkeit dramatisch ansteigt. Im wirtschaftlich härtesten Jahr 2013 steigt dort die Jugendarbeitslosigkeit auf fast 50 Prozent an, fünf Jahre später liegt sie immer noch bei knapp 40 Prozent. Das ist eine Herausforderung, die Antworten in den verschiedensten Lebensbereichen erfordert. Wie zum Beispiel soll man ein Selbstwertgefühl und Stolz auf das Geleistete entwickeln, wenn es keine Aussicht auf einen Beruf gibt? Wie den Mut fassen, eine Familie zu gründen, ohne Aussicht auf ein gesichertes Einkommen? Worüber im Smalltalk sprechen beim Kennenlernen, wenn Arbeit und Ausbildung keine Themen mehr sind? Welche Träume und Lebenspläne verfolgen, wenn die Existenzsicherung so schwierig ist? Griechenland und wahrscheinlich genauso Spanien und Italien haben längst eine neue Generation ausbilden müssen. Eine Generation, die auf diese neuen Herausforderungen eine Antwort findet. In Griechenland, so ist uns erzählt worden, wollte die Jugend früher von den Inseln weg und so schnell wie möglich in die Hauptstadt ziehen. Athen war interessant, lebendig, zukunftsweisend. Es gab eine große Landflucht. Heute sieht man dagegen die Tendenz, dass die Jugend Athen und seine Arbeitslosigkeit verlässt, die kleinen Inseln aufsucht und die alten Olivenplantagen wieder kultiviert. Sie baut dort aber etwas anderes auf als den traditionellen Familienbetrieb und versucht, im Direktvertrieb ihren Weg zu finden.

Im deutschsprachigen Raum spielt die Jugendarbeitslosigkeit im Vergleich dazu keine Rolle. Die alten Muster funktionieren noch. Arbeit und Beruf sind nach wie vor wichtig für Selbstwert und Zukunftspläne und mit einer guten Ausbildung hat man nach wie vor gute Berufsaussichten. Auch der beratende und coachende Erziehungsstil, wie er schon bei den späten Jahrgängen der Generation Y zu finden ist, ist geblieben und hat sich eher weiter durchgesetzt. Neu könnte sein, dass Generation Z deutlich häufiger schon im Kleinkindalter in Kindertagesstätten betreut wird und durchaus auch ganztags. Damit sinkt der Einfluss der Eltern als Bezugspersonen und die Bedeutung der gleichaltrigen Freunde, der Peergroup, steigt schon sehr früh. Das verstärkt sicherlich das Gefühl der Gleichrangigkeit anstelle von Hierarchie und Autorität. Die kleinen Freundinnen und Freunde sind dann neben Eltern und Erziehern diejenigen, von denen ich etwas lerne und die mich in einer Clique führen. Der Kumpel als Vorbild, nicht der Lehrer und Vorgesetzte. Aber auch hier ist die Frage, haben wir wirklich eine neue Qualität oder nur eine Intensivierung des beratenden, coachenden Erziehungsstils?

Was wären neue Herausforderungen und Erfahrungen, die so anders sind, dass wir im Mannheim'schen Sinne eine neue Generation ausmachen könnten?

Die statistische Grundlage ist dürftig, allein schon deshalb, weil die neue Generation erst im Kommen ist, also meistenteils noch zur Schule geht oder sich in der Ausbildung befindet. Sie hat den Schritt in die Arbeitswelt noch nicht oder erst vor kurzem getan, und darum weiß man noch nicht so genau, wie diese Generation die Welt wahrnimmt.

Wir möchten hier dennoch einen Ausblick geben und erste Hypothesen wagen. Wenn es Generation Z gibt, was sieht und erlebt sie Neues? Worauf muss sie eine Antwort finden? Wir wollen es in einem Bild formulieren. Generation Z ist eingesaugt ins Schwarze Loch der Social Media.

Herausforderungen

Das große Neue ist das Smartphone. Nicht das Handy, das kam bei Generation Y dazu. Sondern die Verbreitung des internetfähigen Smartphones und WLAN sowie die damit verbundenen Social Media mit Angeboten wie Google, Youtube (2006), Facebook (2004), Instagram, Twitter, WhatsApp und anderen. Mit dem Smartphone und dem Ausbau der Netze ist die Normalität entstanden, permanent und überall im Internet zu sein. Generation Z wächst damit auf. Daraus ergeben sich besonders in drei Bereichen neue Herausforderungen.

1. Hohe Erwartungen
2. Im Rampenlicht wie Prominente
3. Aufmerksamkeit: Ständige Ablenkung

Hohe Erwartungen. Durch den permanenten Zugang zum Internet ist die Jugend einer fortwährenden Reizüberflutung ausgesetzt. Nehmen wir Youtube als Beispiel. Was ins Netz gestellt wird, sind nur die lustigsten, süßesten oder spektakulärsten Momente. Aus den unzähligen Filmchen, die so gerne geschaut werden, wurden vorher alle Passagen herausgeschnitten, in denen nicht viel passiert. Es ist eine Aneinanderreihung von intensiven und besonderen Situationen. Die Jugendlichen sehen also permanent und ausschließlich Highlights.

Das schraubt die Erwartungen enorm in die Höhe. Was bedeutet das aber für das eigene Leben, was heißt es für die Erfahrungen, die die Jugendlichen konkret machen? Gegenüber all dem, was man im Netz sieht, erscheinen die eigenen Erlebnisse vielleicht ganz grau und langweilig. So entstehen große Unsicherheiten. Soll ich mich trauen, snowboarden oder mountainbiken zu gehen, wenn die Sprünge und auch die Stürze auf Youtube so unerreichbar spektakulär sind? Was hat mein kleiner Sprung noch für einen Sinn, für eine Bedeutung? Soll ich ihn überhaupt noch wagen? Oder ist er nicht von vornherein dazu verurteilt, lächerlich zu wirken?

Diese Unsicherheiten bei einzelnen Aktivitäten summieren sich auf, senken das Wohlbefinden, die Zufriedenheit und führen zu Fragen wie: Was ist überhaupt ein schönes Leben? Welche Erfahrungen möchte ich denn machen? Nur die Highlights? Ist das menschenmöglich? Ist das für mich möglich? Schaffe ich das? Der permanente Vergleich mit den Highlights der anderen kann furchtbar am eigenen Selbstwertgefühl nagen. Es sind genau diese überhöhten Erwartungen, die zur neuen Herausforderung werden.

Ähnlich ist es mit dem – insbesondere für die Jugendlichen – so wichtigen Gefühl der Selbstwirksamkeit. Wie können sie ihre Erfahrungen wertschätzen? Wie können sie dieses gute Gefühl der Selbstwirksamkeit erleben: «Ja, ich habe etwas hinbekommen, ich habe etwas geschafft und kann stolz darauf sein», wenn immer die Frage im Raum steht, ob das, was ich da geschafft habe, gut genug ist und nicht schon längst von jemandem im Netz weit übertroffen wurde? Die Jugendlichen geraten in einen

Rating-Modus – in permanentes Vergleichen. Dabei entsteht die Gefahr, dass das eigene Leben zum Kinosessel wird, an dem das Leben der anderen mit tollen Bildern vorbeizieht. Genau dieses Lebensgefühl reflektieren die Z-ler in ihrer Slam-Poetry und stellen die Sehnsucht dagegen, sich selbst zu spüren, sich zu trauen und irgendetwas Eigenes zu machen. Leben, statt abwarten und vorbeiziehen lassen, in der Erwartung, es könnte etwas noch Tolleres kommen.

Es sind ja nicht nur die Erwartungen der Eltern, die man mit einem eigenen Wertesystem kritisch hinterfragen könnte. Es ist die Flut der Filme, Berichte und Erfahrungen von Gleichaltrigen – gut ausgewählt, geschnitten und vertont – dieses Meer an Highlights, das die eigenen Erwartungen so hoch schraubt. Auf diese Herausforderung der unendlich hohen Erwartungen und des permanenten Vergleichens müssen die Jugendlichen eine Antwort finden.

Im Rampenlicht wie Prominente. Je größer die Reizüberflutung, desto knapper wird die Ressource «Aufmerksamkeit». Da stellt sich die Frage, wie man es überhaupt noch schafft, wahrgenommen zu werden. Wie früher bemühen sich die Jugendlichen um Selbstdarstellung. Sie wollen ausprobieren, wie sie auf die Welt wirken, und zeigen, wer sie sind und werden wollen. Auf jeden Fall wollen sie zeigen, dass sie keine Kinder mehr sind. Was sie aber genau sind und werden wollen, ist ja eine Urfrage und Entwicklungsaufgabe auf dem Weg ins Erwachsenenleben. Selbstdarstellung ist also vollkommen normal und ein wichtiger Teil dieser Entwicklungsaufgabe.

Generation Z sieht sich vor der Doppelaufgabe einer guten Selbstdarstellung in der realen Welt und im Netz. Das sind zwei ganz verschiedene Aufgaben, denn wir kennen die Ansprüche, die aus dem Internet resultieren: Nur die Highlights haben eine Chance, die Aufmerksamkeit der anderen zu bekommen. Der Druck zur Selbstoptimierung ist enorm und die Selbstdarstellung professionalisiert sich. Sie wird für manche sogar zur neuen Möglichkeit, als Influencer den eigenen Lebensunterhalt zu verdienen, wenn sie aufgrund einer großen Fangemeinde, ihrer Follower, Werbeaufträge bekommen. Schöne Fotos in den Social Media zu posten, ist das eine. Das andere ist der Druck: lieber gar kein Bild als ein schlechtes Bild, das ist für alle sichtbar peinlich. Andererseits ist Fotografieren eine kreative Beschäftigung. Es macht sicherlich Spaß, die schönsten Fotos zu machen und Clips zu drehen bei bestem Licht, bestens gestylt, in bester Pose – das Wissen dazu kann man sich ja wiederum im Internet aneignen.

Die Selbstdarstellung im Netz hat natürlich auch Auswirkungen auf die reale Welt. Beide sind in Echtzeit miteinander verbunden. Der Druck zur Selbstoptimierung erschwert Begegnungen und das soziale Miteinander in der realen Welt. Er führt zu Unsicherheiten und löst Ängste wie die folgenden aus: Schaffe ich es überhaupt, heute auf der Party so gut auszusehen wie auf meinen eigenen Bildern bei Facebook oder Instagram? Das gilt für beide Geschlechter. Es geht wie früher darum, immer eine gute Figur zu machen und es geht darüber hinaus neu darum, immer filmreif zu sein – nicht für ein fernes Hollywood, sondern für das alltägliche Internet. Was kann ich überhaupt noch sagen, wenn die Gefahr besteht, dass mein Spruch eben nicht so cool und lustig ist wie die Aneinanderreihung der coolen und witzigen Sprüche, die wir vom Internet gewohnt sind? Und wie kann ich vor dem Hintergrund eines fast perfekt optimierten Profils das teilen, was in mir vorgeht? Wo ist Platz für meine Ängste, Wünsche und Träume, für meine schönen und vor allem die schweren Gefühle? Wie kann ich diese Gefühle ehrlich mit jemandem teilen, bevor sie optimal formuliert und hübsch genug verpackt sind fürs Internet?

Generation Z erlebt einen Öffentlichkeitsdruck, den zu früheren Zeiten nur Prominente erlebt haben. Permanente Wachsamkeit, ob mit den eigenen Handlungen und Aussagen die Außendarstellung nicht ruiniert wird. Bei den Babyboomern oder in der Generation X ist es noch ein begrenzter Personenkreis, der vor aggressiven Reportern, den Paparazzi fliehen muss, um authentisch sein zu dürfen. In der Generation Z sind alle vom Druck zur guten Außendarstellung betroffen und die gesamte Peergroup, alle Gleichaltrigen, haben Zugang zur «Presse». Alle können Bilder und Nachrichten verbreiten. Das macht authentische Begegnungen und das soziale Miteinander deutlich schwieriger.

Aufmerksamkeit – das Smartphone als Dauerablenkung. Die Reizüberflutung im Internet setzt nicht nur die Messlatte für gute Erfahrungen hoch und macht authentische Begegnungen schwierig; sie zieht generell die Aufmerksamkeit auf sich und ist eine verführerische Ablenkung. Die Jugendlichen der Generation Z erleben das in zweifacher Weise. Zuallererst schon in der eigenen Kindheit bei ihren Eltern und später dann bei den Gleichaltrigen.

Der Liedtext von Tim Bendzko: «Ich muss nur noch kurz die Welt retten, danach flieg ich zu dir. Noch 148 Mails checken ...» repräsentiert vor allem die Eltern von Generation Z. Dieser Song hält sich 2011 in Österreich 34, in der Schweiz 35 und in Deutschland gleich 47 Wochen in den Charts. Generation Z sieht den Druck zur permanenten Erreichbarkeit häufig schon in der Kindheit bei den eigenen Eltern. Für sie ist es normal, dass ihre Eltern oder die Erwachsenen Berufliches und Privates dauernd nebeneinander erledigen. Das hat sie schon im Kinderwagen und auf dem Spielplatz wahrgenommen. Z-ler wie Y-ler zögern nicht – als erste Antwort auf diese Alltagsrealität –, ihre Eltern oder andere Erwachsene zu unterbrechen, um sich Aufmerksamkeit zu holen. Aber manchmal im Leben geht es nicht darum, eine Frage schnell zwischendurch abzuhaken, sondern man sehnt sich nach Momenten der Ruhe und Offenheit, in denen eine Verbindung und echtes Wahrgenommenwerden entstehen kann.

Genau weil Generation Z mit der Reizüberflutung ihrer Mitmenschen aufgewachsen ist, hat sie ein ausgeprägtes Gespür dafür entwickelt, ob jemand präsent und mit ihnen in Beziehung ist oder nicht. Sie ist sehr sensibel dafür, ob jemand nur zum Schein mit ihnen im Gespräch ist, aber mit Kopf und Herz längst woanders, zum Beispiel bei dem Piep der fünf reingekommenen WhatsApp-Nachrichten. Sie wünschen sich Aufmerksamkeit, Beziehung und Präsenz einerseits, weil sie dies von den coachenden und beratenden Eltern gewohnt sind und anderseits weil sie erleben, dass genau die dafür nötige Aufmerksamkeit permanent in Gefahr ist. Es ist, als hätten sie in ihrer Kindheit ein Geschenk bekommen, das man ihnen immer wieder wegnimmt.

Auch mit Gleichaltrigen und bei sich selbst erlebt Generation Z, dass das Smartphone eine Quelle pausenloser Ablenkung ist. Kaum fühlt man sich einmal unsicher oder kurz allein, gehen Hand und Blick sofort zum Handy. Da gibt es immer etwas zu tun. Damit wird die eigene Aufmerksamkeit herausgerissen aus dem Hier und Jetzt. Wenn ich aber nicht mit meiner Aufmerksamkeit im Hier und Jetzt bin, kann ich hier und jetzt auch keine Erfahrungen machen oder Begegnungen haben. Ein Zwölfjähriger drückt das ganz deutlich aus: «Es ändert sich. Sie machen nix mehr. Jetzt verlier ich auch noch meinen Freund Paul ans Handy.» Es gibt natürlich auch den Übergang von Kindheit zu Jugend in diesem Alter. Die Spiele von früher sind nicht mehr attraktiv. Aber es ist schwieriger, gemeinsam rumzusitzen und zu überlegen, was man machen könnte, und dann eventuell etwas zu finden, wenn die Aufmerksamkeit sofort woanders ist. Es ist schwieriger, gemeinsam oder allein, Momente der Offenheit zuzulassen, in denen noch nichts passiert, in denen aber etwas passieren könnte. Das Smartphone macht es allzu leicht, auszuweichen in einen Raum, in dem immer etwas los ist.

Eine Dreizehnjährige formuliert es kurz und bündig. «Das Handy ist unpraktisch, weil man nicht aufhören kann. Aber im Bus oder in der Tram, da könntest du immer jemanden treffen ...» Der fünfundzwanzigjährige Schauspieler Jonas Fischer, der auch Theaterprojekte in Schulen macht, um mit Generation Z wieder direkte Kommunikation zu üben, beschreibt: «Wenn ich auf einen Event gehe, vielleicht allein, da zuckt schon die Hand in der Tasche, das Handy will rausgeholt werden. Ich versuche das dann schon, bewusst nicht zu machen. Aber es ist unheimlich schwer, einfach in die Gegend zu schauen, für alle sichtbar, allein und unsicher. Es ist unheimlich schwer zu zeigen, das bin ich hier und jetzt.»[5] Das Smartphone hilft ablenken von schwierigen Gefühlen wie Unsicherheit und Alleinsein. Was früher vielleicht die Zigarette war, ist jetzt der Blick aufs Display. Der große Unterschied: Mit Rauchern konnte man bestens in Kontakt treten und nach Feuer fragen. Zugegeben, die Zigarette hat die Gesundheit ruiniert, der Blick aufs Display jedoch holt einen aus dem Hier und Jetzt heraus, weil die Aufmerksamkeit woanders ist. Er verhindert Kontakt und Begegnung.

Die neue Herausforderung ist es, Gleichaltrige zu treffen, ihnen zu begegnen, etwas mit ihnen zu unternehmen, obwohl es so schwer ist, ihre Aufmerksamkeit zu bekommen. Nach dem Selbstverständnis von Generation Z ist die Antwort: mit einer noch besseren Selbstdarstellung oder mit noch spektakuläreren Aktivitäten. Das findet einerseits durchaus statt. Es gibt aber, wie wir sehen werden, auch anders gelagerte Antworten.

---

5 Jonas Fischer, fischeraction.com.

Einstellungen und Verhaltensweisen

Schon bei Generation Y sind die Säulen der Hierarchie und Autoritätsgläubigkeit eingebrochen. Es wird nicht mehr der Expertin oder dem Experten geglaubt, sondern man informiert sich im Netz. Dort gibt es mehr als eine Erst- und eine Zweitmeinung. Generation Y sieht sich bereits einer Flut von Einschätzungen gegenüber. Für Generation Z kommen zu diesem Dschungel noch die Fake News hinzu. Gezielt platzierte Enten, Falschaussagen und Dementi. Damit verdichtet sich das Gefühl, es gibt kein Richtig und kein Falsch mehr.

Die ganz große Frage entsteht, was tritt an die Stelle von Richtig und Falsch? Was ist mein Weg? Wozu bin ich hier? Alte Bezugspunkte wie Familie, Beruf, Region und Religion verlieren an Bedeutung. Für die Jugend ist klar, man kann auch ohne Kinder glücklich werden, die Firma und selbst den Beruf oder die Position wechselt man immer wieder und aus der Herkunftsregion ziehen viele weg. Jeder Einzelne muss selbst herausfinden, was Bedeutung für ihn hat.

Die eigene Lebensgeschichte wird dabei immer wichtiger. Fragen Sie einmal einen Z-ler, was sein Tattoo bedeutet. Oft genug bekommen Sie eine sehr berührende Geschichte erzählt. Z-ler gravieren sich ihre eigene Lebensgeschichte auf die Haut. Das Tattoo ist sichtbares Zeichen von Identität und Zugehörigkeit. Dabei geht es nicht um Stammeszugehörigkeit, sondern um die eigene Lebensgeschichte und ihre wichtigsten Momente. Bevor man sich aber ein solches Tattoo stechen lassen kann, muss man sich mit der Frage beschäftigen, was ist mir wichtig? Was macht mich aus? Was passt zu mir?

Daraus leiten sich einige der Antworten der Generation Z auf die drängenden Fragen ab, die sich dann wiederum in Einstellungen und Verhaltensweisen manifestieren.

Erstens zeigt sich eine veränderte Einstellung zur Berufswahl und zum Arbeitgeber. Wenn die eigene Lebensgeschichte identitätsstiftend wird, dann wird auch nachvollziehbar, warum diese Generation sagt, mein zukünftiger Beruf und mein Arbeitgeber müssen vor allem zu mir passen. Das ist das neue oberste Kriterium.

Zweitens überträgt sich die große Unsicherheit, was heutzutage richtig und was falsch ist, deutlich auch auf den konkreten Arbeitsalltag. Das betrifft die Generation Z genauso wie vorher schon Generation Y.

Überall, wo diese beiden Generationen im Arbeitsleben auftauchen, wird anders gearbeitet. Diese Generationen wünschen sich Anerkennung als Absicherung: «Ja, was du machst, ist richtig.» Die alte Devise «Nicht geschimpft ist genug gelobt» reicht da nicht aus. Sie wollen viel mehr explizite Anerkennung ihrer Arbeitsleistung als die älteren Generationen.

Drittens ist eine neue Achtsamkeit festzustellen. Sie ist die Haltung, mit der man diese tiefgehenden persönlichen Fragen in Zeiten der Reizüberflutung des Internets überhaupt stellen kann.

Neue Achtsamkeit. Was macht diese neue Achtsamkeit aus? Ziel ist es, ehrlich miteinander umzugehen, aber auch zu sich selbst ehrlich zu sein und dadurch eine neue Qualität von Nähe und Beziehung zu erreichen. Echte Beziehung, echte Präsenz. Es geht darum, sich nicht mehr zu verstecken hinter einer Show.

Dafür ist der Zugang zu den eigenen Gefühlen zentral. Prototypisch für diese Antwort der neuen Achtsamkeit ist die Bewegung «Radical Honesty»[6]. Als Antwort auf die Normalität permanenter Selbstdarstellung kommt ein neuer Wert auf: Ehrlichkeit – sein, so wie man ist.

Zu diesem neuen Interesse an Selbstreflexion gehört auch das ganz bewusste Herunterschrauben von Erwartungen. Das ist eine Antwort auf die völlig überhöhten Erwartungen, die aus dem Livestream der Perfektion im Internet entstehen. Nicht aufspringen auf das sich rasend schnell drehende Karussell, sondern Ruhe schaffen, Freiraum: «All I have to achieve is one coffee and one vinyl per day. Everything else is a gift», bringt es George, 19 Jahre, Musiker in London, auf den Punkt. Immer wieder hört man Lehrerinnen und Lehrer klagen, die Schüler und Schülerinnen wollen nichts mehr, es gibt keinen Ehrgeiz mehr, keine Leistungsbereitschaft. Ja, sie wollen sich zuerst von dem Druck befreien und dann herausfinden, wofür sie sich selbst einsetzen wollen in der Galaxie der Möglichkeiten, was zu ihnen persönlich passt. Denn Sie können sichergehen, nicht nur das Internet und die Seiten der Peergroups stellen diesbezüglich eine Reizüberflutung dar, auch die coachenden Eltern und Erwachsenen sind voll

---

6   Blanton (1996), weitere Veröffentlichungen dazu 2002, 2004, 2006, als Marke registriert 2017.

von Ratschlägen, wofür man sich einsetzen sollte, und hängen ihrerseits die Messlatten noch höher.

Wir können also die Hypothese wagen, eine mögliche Antwort auf die Reizüberflutung durch den permanenten Zugang zum Internet ist ein allmählich entstehender Trend hin zur Selbstreflexion, zur Suche nach Ehrlichkeit und zu praktischen Techniken der Achtsamkeit.

Psychische Erkrankung. Nun sind diese Techniken gar nicht so einfach zu erlernen und nicht alle Jugendlichen bekommen Zugang dazu. Wenn man also in der Dynamik des Smartphones und damit der virtuellen Realität bleibt, kann der Druck zur Selbstdarstellung zum schwarzen Loch in der Galaxie der Möglichkeiten werden. Es saugt uns ein. Der Sog rührt daher, dass die Social Media Anerkennung versprechen. Der Sog wird zum schwarzen Loch, weil die Anerkennung nur über den Preis einer Maske und einer Norm der Perfektion erreichbar ist.

Generation Z ist eingesaugt von den Social Media. Es wird zunehmend schwierig, dem Erwartungsdruck der Highlights im Netz standzuhalten und sich eigene Erfahrungen und Begegnungen zuzutrauen.

Das eigene optimierte Selbstbild ist die Maske. Es gibt Jugendliche, denen passt ihre Maske, sie fühlen sich wohl darin und genießen die Bühne der Selbstdarstellung. Es gibt aber auch Jugendliche, die das ganz anders beschreiben. «Ich muss immer aufpassen, dass die Maske richtig sitzt, sonst trau ich mich gar nicht raus.» Das bedeutet eine ungeheure Anstrengung und Selbstkontrolle im Alltag. Es kann vorkommen, dass die Anstrengung zu groß wird und man deswegen heute nicht zur Schule gehen kann. Schulflucht, weil es einfach zu anstrengend ist, den ganzen Tag die Maske aufrechtzuerhalten. Introversive psychische Erkrankungen wie Angsterkrankungen, Essstörungen, selbstverletzendes Verhalten oder Depression nehmen zu.

Betrachten wir allein die unterschiedlichen Formen der Depression, haben wir seit 2000 eine dramatische Zunahme zu verzeichnen.

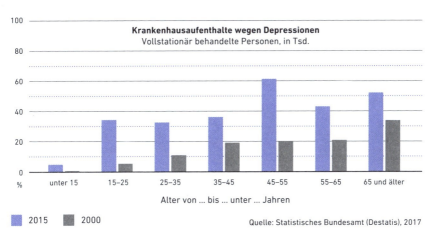

Psychische Erkrankungen. In der Gruppe der 15- bis 25-Jährigen steigt die Zahl der stationär behandelten jungen Menschen in Deutschland zwischen 2000 und 2015 um das Siebenfache von 5200 auf fast 34 300.

Ein Fünftel aller Teenager in Deutschland gilt als psychisch auffällig. Auch ist Selbstmord europaweit die häufigste Todesursache von Jugendlichen. Es sieht so aus, als könnte man in der Galaxie der Möglichkeiten und der virtuellen Realität tatsächlich leicht ins schwarze Loch fallen. Die Abhängigkeit von der Meinung anderer wird – mit technischer Unterstützung – immer größer. Ein Loskommen davon ist gar nicht so einfach. Eine

Lehrerin bringt es auf den Punkt: «Ich würde am liebsten erst mal Selbstwerttraining mit meinen Schülerinnen und Schülern machen.»

Genauso steigen aber auch die extroversiven psychischen Erkrankungen wie risikosuchendes Verhalten und Störungen des Sozialverhaltens. Vor lauter Suche nach Anerkennung gibt es nur noch das «Ich, ich, ich» und kein Gefühl mehr dafür, ob die Anerkennung auf Kosten eines anderen oder der Gemeinschaft stattfindet. Fehlende Impulskontrolle und Selbstüberschätzung bis ins Unrealistische werden zum großen Thema. Es kann auch vorkommen, dass sich die Jugendlichen moralisch und sozial engagiert äußern, aber trotzdem keinen Bezug zu ihrem eigenen Verhalten herstellen.

Vor allem Schulen, aber auch Betriebe sehen sich da vor großen Herausforderungen. Neue Entwicklungen in der Pädagogik versuchen, einen Umgang damit zu finden. Die traditionelle Autorität mit Strafe und Gehorsam hat ausgedient. Wir möchten an dieser Stelle auf die Neue Autorität durch Beziehung und Vertrauen nach Haim Omer hinweisen.[7] Statt Autorität durch distanzschaffendes Strafen sind hier das Denken und Handeln von Mahatma Gandhi Vorbild: in Beziehung treten, sich selbst in der eigenen Beziehungsbereitschaft und Fürsorge zeigen. Anstelle der Strafe gewinnen Präsenz, Beziehung, Deeskalation und Wiedergutmachung an Bedeutung. Ein Weg, den zu gehen einen großen Vertrauensaufbau von den Lehrkräften zu den Schülern und Schülerinnen erfordert.

Work-Life-Balance und Trennung von Privatem und Arbeit. Beruflich hat Generation Z den Glauben verloren, Privates und Arbeit könnten verbunden werden. Z-ler haben den Preis der permanenten Verfügbarkeit, von Home-Office und dienstlichen E-Mails, die aufs private Handy weitergeleitet werden, bei ihren Eltern miterlebt. Die sind mit dem Kopf woanders, obwohl sie physisch anwesend sind. Generation Z möchte wieder eine Abgrenzung zwischen Privatleben und Beruf, weil sie die Gefahr kennt, dass Arbeit immer und überall möglich ist. Work-Life-Balance ist schon bei Generation Y ein zentraler Wert und für Generation Z nicht mehr ver-

---

[7] Schlippe, Omer (2017), Haim Omer (Lehrstuhlinhaber klinische Psychologie in Tel Aviv, Israel) entwickelte mit Arist von Schlippe als Antwort auf Autoritätsprobleme das Konzept der Neuen Autorität. Anstelle von Distanz, Furcht und Bestrafung tritt die Beziehung.

handelbar. Z-ler empfinden auch eine geringere Loyalität zum Arbeitgeber. Sie beobachten, dass der Betrieb die Loyalität zwar gerne nimmt, sie einem am Ende aber nicht dankt. Abgrenzung ist also nötig, sonst – so zeigt die Erfahrung – besteht das Leben nur noch aus Arbeit.

So geben Z-ler auch bei akutem Personalmangel gerne als Verhinderungsgrund an, dass sie mit Freunden verabredet sind oder einen Frisörtermin haben: undenkbar für Babyboomer und Generation X. Jene glauben noch, Personalmangel sei wirklich eine betriebliche Ausnahmesituation, die es mit persönlichem Engagement und Loyalität dem Arbeitgeber oder dem Team gegenüber aufzufangen gilt. Generation Z sieht längst, dass Personalmangel eine immer wiederkehrende Normalität ist. Mit dieser Normalität geht sie um, ohne ihre Werte zu opfern. Wenn Z-ler Zeit haben, springen sie gerne ein. Wenn sie etwas Privates vorhaben, schützen sie ihren Wert eines ganzheitlich gelungenen Lebens und damit ihre Work-Life-Balance.

Streben nach Anerkennung und Karriere. Die deutliche Grenzziehung zwischen Beruf und Privatleben hindert Generation Z nicht daran, während der Arbeitszeit hundert Prozent engagiert zu sein. Generation Z strebt nach Anerkennung. Die große Sehnsucht in Zeiten geringer Aufmerksamkeit ist, wahrgenommen zu werden – nicht nur gesehen, sondern wahrgenommen und anerkannt zu werden. Wegen dieses Wunsches nach Anerkennung sind viele an einem schnellen Aufstieg und an einer steilen Karriere interessiert. Materielle Werte sind ihnen weniger wichtig. Das beginnt bereits bei Generation Y und scheint sich fortzusetzen. Ein gutes Einkommen wollen sie schon, aber ein erfolgreiches Leben zeigt sich nicht mehr im großen Haus, im dicken Auto und in der schicken Yacht. Sie sind nicht bereit, nur eine Woche am Stück in den Urlaub zu fahren, weil es die berufliche Position nicht anders zuließe. Materielle Statussymbole interessieren sie nicht mehr. Selbst der Trend zum Führerschein und zum eigenen PKW ist rückläufig.

Stattdessen fragen sie in der Probezeit oder sogar zu Beginn der Lehre, wie ihre Aufstiegschancen sind. So fragt am dritten Tag der Lehre ein Kochlehrling seinen Küchenchef: «Was muss ich tun, um Küchenchef zu werden?» Man könnte das als sehr leistungsorientierte, motivierte und lernwillige Aussage auffassen – unterstützenswert! So ist es auch sicherlich gemeint. Der Küchenchef, an den die Frage adressiert ist, gehört der Generation X an. Er empfindet die Frage als anmaßend und als leise Ankündigung eines Konkurrenzkampfes. Er verweist den Lehrling an seinen Platz: «Lern du erst mal kochen!», und lässt ihn spüren, was er alles noch nicht kann. Das gute Arbeitsverhältnis ist dahin und dem Lehrling ist gar nicht klar, was er ausgelöst hat.

Generation Z möchte zeigen, was sie kann. Der formale Weg ist die Qualifizierung. So sehen wir zunehmend, dass in einem jungen Betrieb gleich drei Meisterbriefe hängen. Dafür muss es dort nicht drei Chefinnen geben, sondern es können hochqualifizierte Mitarbeitende in Teilzeit sein. Bei Generation X ist in einem kleinen Betrieb klar, wenn jemand den Meister macht, muss man sich so schnell wie möglich von ihm oder ihr trennen. Denn die Person wird Chef sein wollen, sich selbstständig machen und so viele Kunden wie möglich mitnehmen. Das muss verhindert werden. Generation Z qualifiziert sich jedoch, ohne unbedingt in die Führung gehen zu wollen. Die Anerkennung durch hohe Qualifikationen und Aufstiegschancen wird unbedingt angestrebt, aber sie ist nicht alles.

Suche nach Beziehung. Generation Z wünscht sich und erwartet eine Anerkennung ihrer Person. Die neue Achtsamkeit, die sie sich selbst gegenüber anstrebt, möchte sie auch von anderen erfahren. Wahrgenommen werden als Person mit eigener Lebensgeschichte und ganz speziellen Lebensumständen. Dahinter steckt eine große Sehnsucht, in echte Beziehung zu treten.

Was ist, wenn dieser geschärfte Blick für Präsenz und Beziehung der Generation Z auf einen Lehrer der Generation X trifft, der sagt: «Ich mache nur Angebote, lernen müssen die Schüler und Schülerinnen selbst.» Ist das ein In-Beziehung-Treten? Die erste Frage, die sich Generation Z stellt, wenn sie mit anderen Menschen zu tun hat, ist: Steht mein Gegenüber mit mir in Beziehung oder ist es mit Kopf und Herz woanders? Denn Lernangebote gibt es auf Youtube und sonst im Internet zuhauf und sie sind viel individualisierter, als eine Schule es je anbieten könnte. Das Lernangebot an sich ist nicht mehr das, was eine Schule ausmacht.

Aus der Perspektive eines 13-jährigen Schülers klingt das dann so: «Den neuen Lehrer finde ich blöd.» Auf die Frage, warum, kommt: «Ich weiß nicht. Der ist nicht *mit* uns. Das spürt man. Der ist irgendwie gegen uns.» Unvorstellbar für die Ohren von Generation X oder Babyboomern. Ein Lehrer wird allein deswegen negativ beurteilt, weil er nicht *mit* den Schülern ist? In den älteren Generationen ist selbst bei den Lieblingslehrern und -lehrerinnen klar, wo die Grenzlinie verläuft. Die Lehrer sind immer auf der anderen Seite. Es ist immer klar, wo der Feind sitzt. Wir haben bei Generation Z nicht nur ein anderes Verhältnis zu Hierarchie, wie es sich bei Generation Y schon andeutet. Generation Z hat darüber hinaus eine noch höhere Sehnsucht nach Präsenz und Beziehung.

Aktiv und engagiert – etwas tun. Für Generation Z ist die Galaxie der Möglichkeiten nicht neu, sondern schon immer da gewesen. Gerade bei Fragen der Berufswahl wird Generation Z mit Beratung und Praktika deutlich besser begleitet. Generation Y nimmt angesichts der überwältigenden Flut an Optionen oft eine Schutzhaltung ein. Das äußert sich häufig in Entscheidungsunfähigkeit. Diese Gefahr wird bei Generation Z bereits reflektiert und allmählich durch Aktivität abgelöst. In Slam-Poetry-Beiträgen wird immer wieder dieser Übergang thematisiert: vom Lebensgefühl des Abwartens hin zur Aktivität:

«Eines Tages, Baby, werden wir alt sein und an all die Geschichten denken, die wir hätten erzählen können. (...) Ich würd gern so vieles tun. Meine Liste ist so lang, aber ich werd eh nie alles schaffen, also fang ich gar nicht an. (...) Mein Leben ist ein Wartezimmer, niemand ruft uns auf.»[8] Dann formuliert Julia Engelmann den Aufruf, aktiv zu werden. *«Lass uns Geschichten schreiben, die wir später gern erzählen (...) Lass uns alles tun, weil wir können und nicht müssen.»*

Kay Wieoimmer lässt in «Sorgen eines alten Mannes» den alten Punker mit der Jugend sprechen. *«Also, darf ich Dir en Rat geh? Look, mach einfach ma ebbis (...) nit weils dieni Eltere wei, nit weils dieni Lehrer wei, nit was dieni Chefe wei, sondern was Du geil findsch. Ebbis wo Du stolz druf bisch und nit diene Facebook Fründ dazu veranlasst uf ‹gefällt mir› zu klicken. (...) Was is für Di wichtig im Lebe, häsch das scho mal überleit? Nit, gell? Macht ma effektiv z› wenig. Also machs lieber mal. Und wenn d› de überleit hesch und weisch, was wichtig isch, denn gang usse und machs»*, rät der alte Punk aus Nirgendwo. Und die Jugend antwortet

---

8 Engelmann (2013).

rappend «*Ich bin parat (...) ich möchte etwas aus mir machen (...) I wot mit de Steinen, die man mir in den Weg legt, eine Stadt bauen ... I wot mehr ändre als min Facebookstatus.*»[9]

Generation Z wird tatsächlich aktiv und engagiert sich. Als Beispiel kann man die Bewegung Fridays for Future heranziehen. Vorreiterin ist die schwedische Schülerin Greta Thunberg. Ihr regelmäßiger Protest freitagvormittags gegen den Klimawandel wird weltweit von Jugendlichen aufgegriffen. Gretas Reden gegen die Gleichgültigkeit der Politik gegenüber dem Klimawandel auf der UN-Klimakonferenz in Katowice 2018 und auf dem Weltwirtschaftsforum Davos 2019 sorgen auch in der Erwachsenenwelt für Aufsehen. Seit Dezember 2018 finden die Schülerstreiks und Aktionen regelmäßig statt. Die Termine sind im Internet für alle ersichtlich. Die Z-ler sind über Social Media bestens vernetzt und gut organisiert, sie trauen sich, ohne Angst vor Hierarchie mit der Erwachsenenwelt zu kommunizieren, aber auch deren Regeln zu brechen. Sie führen öffentliche Dialoge mit der Politik, stellen einen ganzen Sommerkongress auf die Beine und bieten für jeden Geschmack eine Beteiligungsform an.[10] Sie treten geschickt und mit einer hohen Medienpräsenz für ihre Forderungen ein.

Halten wir zunächst jedoch kurz inne, um uns in einer Übersicht noch einmal die wichtigsten Eigenheiten der Generationen zu vergegenwärtigen.

---

9   Kay Wieoimmer, www.youtube.com/watch?v=rHTKEJqb5YE.
10 Vgl. www.fridaysforfuture.de.

Überblick

Überblick Generationen

	Babyboomer	Generation X	Generation Y	Generation Z
Jahrgang	1945–65	1965–85	1985–?	ab 2000?
Kindheit Was hat sie geprägt?	Befehlshaushalt: patriarchale Hierarchie, Prügel, schweigen müssen, viel arbeiten, vorgezeichnete Lebenswege	Verhandlungshaushalt: Wünsche äußern dürfen, Pippi Langstrumpf, Langeweile, beginnender Wohlstand	Verständnisorientierte Erziehung: immer sprechen und viel wählen dürfen; Beginn von IT und Handys	Coachende Erziehung: Unterstützung und Förderung; Eltern am Handy, Smartphone, WLAN, Social Media
Junges Erwachsenenalter Was hat es geprägt?	Wirtschaftswunder, Bildungsexpansion	Umweltkatastrophen	Galaxie der Möglichkeiten	Druck und Möglichkeiten der virtuellen Realität
Werte	Priorität von Arbeit, Akzeptanz von Hierarchie und Regeln, Durchhaltevermögen	Eigenverantwortung, kritisch hinterfragen, Individualismus, Selbstreflexion, Selbstbestimmung	Anschlussfähig privat und beruflich, Flexibilität, Sehnsucht nach Orientierung, kein Hierarchiegefühl, Work-Life-Balance, Beruf, der zu mir passt	Sehnsucht nach Präsenz und Beziehung, Sehnsucht nach Ehrlichkeit, aktiv und engagiert, Work-Life-Balance; Beruf, der Anerkennung gibt

Die Generationen treten in Beziehung

Im Folgenden gehen wir verstärkt auf die Beziehung zwischen den Generationen ein und liefern theoretische Hintergründe zum tieferen Verständnis. Dabei werden die Generationen Y und Z häufig zusammen behandelt. Denn es gibt zwischen den späten Jahrgängen der Generation Y und den kommenden Z-lern bei einigen Themen deutliche Überlappungen.

Vorgesetzte und Lehrpersonen – ein Phänomen der Übertragung

Die Eltern sind meist die ersten Personen, die ein Kind führen und ihm etwas beibringen. Entsprechend erwarten Kinder und Jugendliche, dass Lehrer, Ausbilder und Führungskräfte ähnlich mit ihnen umgehen. Dieses Phänomen ist psychologisch gut erforscht und wird Übertragung genannt. Übertragung beschreibt die Tatsache, dass Menschen unbewusst vergangene Beziehungen auf gegenwärtige projizieren. Übertragene Wahrnehmungen und Reaktionen entstammen in der Regel wichtigen Beziehungen aus unserer frühen Kindheit, wie zum Beispiel zu Eltern und Geschwistern.

Das Phänomen kann an einem Beispiel veranschaulicht werden. Stellen Sie sich Max Mustermann vor, der als Kind Papas Liebling unter seinen Geschwistern war. Heute könnte er unbewusst bei seinem Chef die gleiche Vorrangstellung vor seinen Kollegen erwarten und mit unangemessener Wut (oder welche Verhaltensweise auch immer als Kind effektiv war) reagieren, wenn seine Führung diese Erwartungen nicht erfüllt.

Dieses Konzept der psychologischen Übertragung wird von Freud erstmals 1912 beschrieben und gilt bis heute als wesentliches Element der Psychotherapie.[1] Man geht davon aus, dass Muster von früheren wichtigen Beziehungen – unsere Gefühle, Einstellungen, Verhaltensweisen, Verteidigungsstrategien und Fantasien – in unserem Gedächtnis (dem Unbewussten) gespeichert sind. In der Gegenwart neigen wir dazu, diese früheren Erfahrungen und die damit verbundenen Verhaltensmuster auf neue Beziehungen anzuwenden. Das geschieht in der Regel unwissentlich, unbewusst. Das Phänomen gilt als weit verbreitet. Niemand ist davon frei. Viele Forscher haben sich mit der Frage beschäftigt, warum der Mensch so reagiert. Der Prozess der Übertragung gilt als unbewusste Strategie im

---

1 Freud (1912).

Rahmen der menschlichen Informationsverarbeitung: Wir wenden das, was wir bereits wissen, auf eine neue Situation an. Wir schließen also von Bekanntem auf Neues. Dies funktioniert wie eine Abkürzung.

Die Übertragung geschieht unabhängig von Geschlecht und Alter; eine jüngere weibliche Führungskraft kann also auch zur Vaterfigur für einen Mitarbeiter werden. Andersen und Berk haben gezeigt, dass eine Übertragung besonders wahrscheinlich ist, wenn die Person, zu der wir in der Gegenwart eine Beziehung haben, einer wichtigen Person aus der Vergangenheit irgendwie ähnelt. Wir neigen dann dazu, die alten Muster, die in unserem Gedächtnis gespeichert sind, auf die neue Beziehung anzuwenden.[2]

Bereits in den 1950er-Jahren weist Erikson darauf hin[3], dass Erfahrungen aus frühkindlichen Beziehungen auch bei Führungskräften berücksichtigt werden sollten. Seitdem sind mehrere einflussreiche Forschungsgruppen mit psychoanalytischem Hintergrund entstanden, die sich dem verborgenen Kräftespiel zwischen Managern und Mitarbeitenden in Unternehmen widmen.[4] Eines der zentralen Konzepte, die sie anwenden, ist genau dieses Phänomen der Übertragung.

Es ist also normal, dass jede Generation den Erziehungsstil, den sie genossen hat, später auf Führungspersonen, Lehrkräfte und Ausbilder überträgt.

Babyboomer finden es vielleicht nicht schön, aber sie haben damit gerechnet, dass in der Schule ein autoritärer Lernstil vorherrscht, dass Prügel vorkommen und Fehler bestraft werden. Es ist die Normalität, die sie von zuhause kennen. Generation X erwartet, Vorschläge einbringen zu dürfen, und ärgert sich über die älteren Lehrer und Lehrerinnen, die das noch nicht zulassen. Wenn jedoch die Lehrpersonen die Vorschläge zwar aufnehmen, dann aber doch selbst entscheiden, entspricht das den Erwartungen von Generation X. So kennen sie es von zuhause. Mal kommen sie mit ihren Vorschlägen durch, mal nicht. Das letzte Wort haben bei Generation X ganz klar die Eltern, da gibt es keine Diskussion.

---

2 Anderson, Berk (1998).
3 Erikson (1950).
4 Kets de Vries, Cheak (2014).

Vorgesetzte und Lehrpersonen – ein Phänomen der Übertragung

Väterliche Übertragung. Die Bildergeschichte zeigt, wie der junge Mitarbeiter in die Kindheitsphase klettert und auf Gefühle und Erwartungen, die die Beziehung zum Vater prägten, zurückgreift und diese mit dem neuen Chef leben will.

Ab Generation Y setzt sich bei den älteren Jahrgängen ein verständnisorientierter Erziehungsstil durch, später bei den jüngeren Y-lern und im Übergang zu Z sogar ein coachender und beratender Erziehungsstil. In diesen Erziehungsstilen spielt die klassische auf Distanz und Strafen beruhende hierarchische Autorität keine Rolle mehr. An ihre Stelle tritt der Wunsch der Eltern, eine gute Beziehung zu ihren Kindern aufzubauen und diese über die Jahre zu erhalten. An die Stelle von Strafen und Gehorsam tritt Beziehung und Auseinandersetzung im Dialog.

Sie merken, dass in dieser neuen Auffassung des Eltern-Kind-Verhältnisses all die Extremvarianten Platz haben, die gerne mal in den Schlagzeilen vorkommen: Helikopter-Eltern, die den Beziehungsaspekt so übertreiben, dass sie ihre Kinder auch im fortgeschrittenen Jugendalter nie aus den (virtuellen) Augen lassen, Laissez-faire-Eltern, die die

Auseinandersetzung durch Nachgeben und sofortiges Erlauben ersetzen, weil sie das Gefühl haben, sie könnten sich schon gegenüber dreijährigen Trotzkindern nicht durchsetzen.

Mehrheitlich gelingt den Eltern jedoch der Aufbau einer neuen Autoritätsform, die auf Beziehung und Vertrauen, gegenseitiger Akzeptanz auf Augenhöhe und Dialog beruht. Das sind die Grundpfeiler des beratenden oder coachenden Erziehungsstils. Genau das erwarten Generationen Y und Z auch von Lehrpersonen, Ausbildern und Vorgesetzten.

Beratender Erziehungsstil – was Y und Z von Führungs- und Lehrpersonen erwarten

Die Erwartungen von Generation Y und Z an Vorgesetzte und Lehrpersonen unterscheiden sich deutlich von denen der älteren Generationen. Das hängt eng damit zusammen, dass Y und Z einen anderen Erziehungsstil erlebt haben.

Lehrpersonen oder Berufsbildner und Führungspersonen der Generationen Babyboomer oder X sind zum Teil irritiert darüber und auch unsicher, was die Jugendlichen sich in Schule, Ausbildung und Beruf von ihnen wünschen. Wir möchten Ihnen anhand der Studie von Ecarius et al.[5] zeigen, was Kinder und Jugendliche in ihren Haushalten erleben und was sie jetzt intuitiv von Ausbildern und Führung erwarten.

Zunächst ist wichtig zu sehen, dass der beratende und coachende Stil nicht nur eine neue Tendenz ist, sondern dabei ist, sich bei der Mehrheit der Eltern durchzusetzen. Befragt wurden über 900 Jugendliche aus Deutschland der Geburtsjahrgänge 1995–2003. Folgende drei Fragen wurden den Jugendlichen gestellt, um das neue Eltern-Kind-Verhältnis abzufragen:

Schätze einmal ein, wie gut dir deine Mutter/dein Vater in den folgenden Bereichen den richtige Rat geben kann:

- was ich machen soll, wenn es mir schlecht geht.
- wem ich vertrauen kann.
- mir darüber klar werden, was ich kann.

---

5 Ecarius et al. (2017).

In diesen ganz persönlichen, fast intimen Fragen wendet sich heute die Mehrheit der Jugendlichen an ihre Eltern, weil sie davon ausgehen, von ihnen den richtigen Rat zu bekommen.

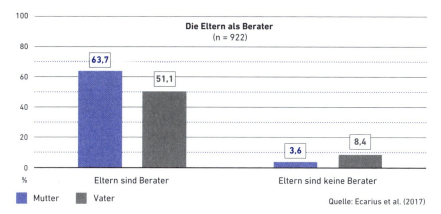

Mutter und Vater als Berater. Der beratende Erziehungsstil setzt sich mehrheitlich durch. Eltern werden zu Vertrauenspersonen.

Über 63 Prozent der Generation Y und Z geben an, dass sie sich in diesen Fragen an ihre Mutter wenden, sie empfinden sie da also als die richtige Beraterin, und 50 Prozent sagen das über ihren Vater. Der beratende Erziehungsstil setzt sich mehrheitlich durch.

Interessant sind die niedrigen Zahlen der Jugendlichen, die das verneinen. Von den befragten geben nur 3,6 Prozent Jugendliche an, dass für sie die Mutter überhaupt keine Beraterin ist, und 8,4 Prozent sagen das über ihren Vater. Das Feld dazwischen (in der Statistik nicht aufgeführt) sind die Mischformen. Soziologisch gesehen ist das bemerkenswert, denn nur zwei Generationen vorher, bei den Babyboomern, sind es sicher nicht die Eltern und schon gar nicht der Vater, an die man sich mit persönlichen Unsicherheiten und Fragen wendet. Der Vater hat normalerweise hauptsächlich die unangenehme Rolle zu sanktionieren.

Wir wollen noch etwas genauer in diese Studie schauen, um zu zeigen, was diese Jugendlichen im Alltag auf emotionaler Ebene von ihren Eltern bekommen und was sie also intuitiv von ihren Ausbildern und Führungskräften erwarten werden. Die Jugendlichen werden gefragt, ob ihnen Vater und Mutter zuhören.

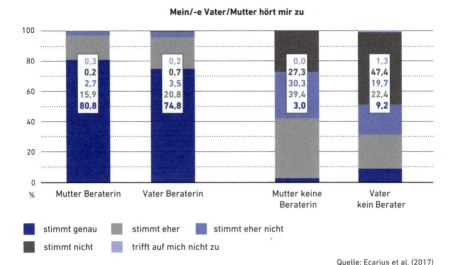

Quelle: Ecarius et al. (2017)

Zuhören. Die Mehrheit der Jugendlichen, die einen beratenden Erziehungsstil genießen, erleben es als Normalität, dass Vater und Mutter ihnen zuhören.

Von denjenigen, die vorher angegeben hatten, dass ihre Eltern Berater für sie sind, sagen 80 Prozent über ihre Mutter und fast 75 Prozent über ihren Vater: «Ja, stimmt genau, sie hören mir zu.» Und nimmt man, wie es üblich ist auf einer 5er-Skala, die Werte «stimmt genau» und «stimmt eher» zusammen, dann sind es so gut wie alle (über 95 Prozent). Der beratende Erziehungsstil heißt also zum einen: Es wird wirklich zugehört. Eine enorme Entwicklung seit dem «Schweig, du bist nicht gefragt worden», das alle Jugendlichen, aber doch vor allem Mädchen und Frauen der Babyboomer-Generation zu hören bekamen. Und doch arbeiten die Generationen heute in einem Team zusammen. Es liegt also auf der Hand, dass Generation X und Babyboomer irritiert sind über die Selbstverständlichkeit, mit der Jugendliche über Persönliches reden möchten.

Jetzt stellen Sie sich zum Beispiel einen Ausbilder oder eine Ausbilderin der Generation X vor, die an Eigenverantwortung appelliert. Und der oder die Lernende kommt an und will erst mal erzählen, wie das Wochenende war. Da geht es schon los, dass Ausbilder denken, der ist unmotiviert. Oder, noch extremer, sie haben einen Ausbilder der Generation Babyboomer, der ist überhaupt so viel Sprache gar nicht gewohnt. Der hat im Ohr noch dieses «Schweig, du bist nicht gefragt worden!» oder «Arbeiten, nicht schwätzen!». Und dann weiß er manchmal gar nichts damit anzufangen, dass so viel geredet werden muss.

Die Jugendlichen wünschen sich diese enge Beziehung, sie setzen sie als normal voraus. Sie haben das Gefühl, jemand unterstützt mich nur dann gut, wenn er oder sie mich als ganze Person versteht und also auch meine Privatangelegenheiten kennt. Wir sind hier auf dieser ganz tiefen zwischenmenschlichen Ebene. Manchmal tut es einfach gut, wenn Generation X und Babyboomer das wissen. Wenn alle voneinander wissen: Die Normalität in den Familien hat sich wirklich so stark verändert. Zuhören, allem, auch dem Privaten, ist normal geworden.

Aber die Jugendlichen wollen nicht nur erzählen, sie wollen noch stärker wahrgenommen werden – auch ohne Worte. Der beratende Erziehungsstil ist geprägt von einem großen emotionalen Interesse, das den Jugendlichen entgegengebracht wird. Jemand weiß um sie. Erhoben wird es in der Studie mit dem Satz: «Meine Mutter/mein Vater braucht mich nur anzuschauen und weiß, dass etwas nicht stimmt.»

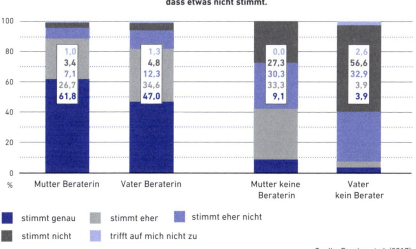

Interesse. Hier wird das große emotionale Interesse sichtbar, das die Eltern an ihren Kindern haben.

Nehmen wir wieder die Werte für «stimmt genau» und «stimmt eher» zusammen, dann fühlen sich 90 Prozent der Jugendlichen, die ihre Mutter als Beraterin einschätzen, von ihr in dieser Weise wahrgenommen. Fast 80 Prozent geben das für ihren Vater an, wenn er Berater für sie ist.

Die unausgesprochene Frage – nur mit dem Blick – «Ist alles in Ordnung?» erwarten die Jugendlichen genauso von ihren Vorgesetzten, Lehrpersonen, Ausbildern und Ausbilderinnen. Sie sollen sie nur anschauen und schon merken, wenn etwas nicht stimmt. Und dann, davon können wir ausgehen, selbstverständlich darauf eingehen.

Das erklärt auch, warum in kleineren betriebs- oder schulinternen Umfragen die Jugendlichen immer wieder den Wunsch äußern: Mehr Verständnis! Generation X oder Babyboomer denken da gern: «Aha, mehr Verständnis für Unpünktlichkeit oder verpasste Deadlines.» Sicherlich auch. Aber wichtiger ist für Generation Y und Z das Verständnis für die ganze Person: die Sehnsucht, wahrgenommen und anerkannt zu werden.

Werte bei Generation Y und Z

Schauen wir uns die Werte von Generation Y und Z genauer an, da Y und Z in manchen Belangen doch sehr anders ticken als Generation X und Babyboomer.

Die renommierte Shell-Jugendstudie hat sich u. a. die Entwicklung der Wertesysteme von Jugendlichen zum Thema gemacht. Die Jugendlichen werden gefragt, wie wichtig ihnen eine Reihe von Werten ist. Und nur, wenn sie «sehr wichtig» ankreuzen, taucht der Wert in der Grafik auf.

2002 und 2010 werden identische Fragen gestellt. Über acht Jahre hinweg haben wir keine großen Verschiebungen im Prioritäten-Ranking. Das ist die erste sehr interessante Aussage, denn permanent lesen wir vom Werteverfall bei der Jugend: Aber den gibt es tatsächlich gar nicht. Wir haben Wertestabilität über viele Jahre hinweg. Gleichzeitig sehen wir noch etwas Interessantes. Ausgerechnet sehr gegensätzliche Fragen werden positiv beantwortet. Hoher Lebensstandard? Natürlich. Fleißig und ehrgeizig sein? Bei der heutigen Jobsituation auf jeden Fall! Das Leben in vollen Zügen genießen? Ich habe doch nur eins. Sozial Benachteiligten helfen? Unbedingt! «Sozial Benachteiligten helfen» kreuzen dieselben an, die sagen «Hohen Lebensstandard haben» und «Eigene Ziele durchsetzen».

Werte bei Generation Y und Z

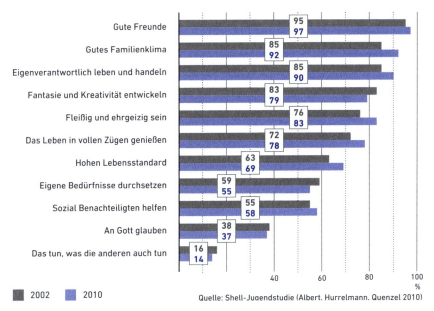

■ 2002   ■ 2010

Quelle: Shell-Jugendstudie (Albert, Hurrelmann, Quenzel 2010)

Werte. Es ist kein Verfall auszumachen, im Gegenteil: Es gibt ein Comeback der Werte.

«Wie wichtig ist Ihnen, fantasievoll und kreativ zu leben?» Man sollte meinen, das seien verschiedene Gruppen von Jugendlichen. 2002 taucht in der Jugendforschung genau dieses Problem auf, dass wir die Zahlen, die wir aus Umfragen bekommen, nicht mehr so schlüssig interpretieren können. Bei «fleißig und ehrgeizig sein» hat man vielleicht jemand Stromlinienförmiges im Kopf. «Kreativität und Fantasie entwickeln» scheint eine andere Klientel zu sein. Dennoch wird beides von etwa 80 Prozent der Jugendlichen angekreuzt. Also können wir sie gar nicht mehr in Gruppen auseinandersortieren.

Fazit: Es gibt viele Jugendliche, die viele Werte ankreuzen, auch so Gegensätzliches wie «Eigene Bedürfnisse durchsetzen» und «Sozial Benachteiligten helfen». Damit sehen wir, wir haben überhaupt keinen Werteverfall, wie Generation X und Babyboomer häufig unterstellen.

Wir haben stattdessen ein Comeback der Werte! Viele Werte zu haben, ist eine Qualität von Generation Y. Generation Y räumt mit dem Entweder-oder auf und verbindet stattdessen Gegensätzliches. Man kann heute sehr wohl sozial Benachteiligten helfen und gleichzeitig selbst reich werden wollen. Bei Generation X wäre diese Kombination noch verpönt gewesen.

Was bedeutet das? Es ist wieder die unbewusste Antwort der Generation Y auf das Gefühl, abgeschossen zu sein in die Galaxie der Möglichkeiten. Für Generation Y ist das zum Beispiel die Party, auf der sie fast niemanden kennen außer die beiden, mit denen sie hingegangen sind. Gehen sie nun auf die Party und reden nur mit den zweien oder gehen sie auf die Party und haben hinterher dreißig neue Freunde auf Facebook?

Wenn ich so viele Werte habe, hinter denen ich wirklich stehe, dann sehe ich vielleicht: Oh, der hat aber eine richtig schicke Rolex-Uhr. Dann denke ich, Mensch, mit dem rede ich mal darüber, wie man einen hohen Lebensstandard erreicht. Vielleicht kann der mir noch ein, zwei Tipps geben, wie ich schnell Geld verdiene. Ich finde, das ist ein wichtiger Wert, super Gespräch, hinterher sind wir verlinkt, sind wir Freunde.

Danach sehe ich jemanden, der vielleicht eine Tasche mit Fair-Trade-Label trägt. Ich finde es sehr wichtig, sozial Benachteiligten zu helfen, spreche die Person an, wir haben ein super Gespräch, dadurch kommen wir in Kontakt und zack, gehe ich nach Hause, habe wieder einen Freund mehr auf Facebook.

Viele Werte zu haben, ist die unbewusste Antwort von Generation Y, um überall leicht Anschluss finden zu können, weil ich ja dann mit vielen Menschen einer Meinung bin.

Wie geht Generation X in so einem Fall vor? Ich nehme die Speerspitze, das Neue, den Punker. Der Punker kommt auf eine Party, wo er niemanden kennt. Er scannt die Runde: Ist hier irgendwo ein anderer Punker? Wenn da kein anderer Punker ist, redet er mit niemandem mehr. Er räumt das Buffet ab und geht nach Hause. Generation X ist viel individualisierter als Generation Y. Wir X-ler haben in der Pubertät Gedichte geschrieben wie «Ich bin ich. Ehe ich mich verbiege, breche ich». Wir haben mit 18, 19, 20 trainiert, Einsamkeit auszuhalten. Ein Freund von uns geht sechs Wochen lang mutterseelenallein in Norwegen skifahren. Danach kommt er wieder und ist der Meinung, er hält es jetzt besser aus.

Generation Y löst das Urproblem der Einsamkeit ganz anders. Sie verbindet sich maximal. Das ist nur über viele Werte möglich und über die Bereitschaft, auch gegensätzliche Werte zu favorisieren. Der Einzelne in der Generation X hat vielleicht einen stark ausgeprägten Wert. Wenn der mit dem Wert des anderen nicht zusammenpasst, sind die X-ler auf sich gestellt.

Was liegt bei Y dahinter? Der unausgesprochene Wert der Toleranz, das Ende des Schwarz-Weiß-Denkens. Mit Generation Y haben wir eine insgesamt sehr tolerante Generation. In den Teams ist das extrem wertvoll. Y-ler sind von sich aus Brückenbauer. Bauen Sie als X-ler oder Babyboomer die andere Seite, dann finden wir gute Lösungen!

Die unterschiedlichen Erwartungen an die Führungskräfte lassen sich beispielhaft in der folgenden Tabelle darstellen. Wir haben es mit vier Generationen zu tun, die doch in vielen Belangen sehr unterschiedlich reagieren. Ganz prägnant auf den Punkt gebracht, kann man es in der folgenden Rätselfrage zusammenfassen. Was antworten die verschiedenen Generationen, wenn die Führung sagt: «Spring!»?

Reaktion auf den Auftrag «Spring!»		
Generation	**Erwartung**	**Antwort**
Babyboomer	Wertschätzung für die Lebensleistung, Erfragen ihrer Erfahrung	Wie hoch, wie weit? Sie wollen es korrekt machen, wie die Führung es erwartet.
Generation X	Eigenverantwortung	Warum? Sie hinterfragen und tun es nur, wenn sie es sinnvoll finden.
Generation Y und Z	Coaching, Teamgefühl, visionäre Führung	Springst du mit? Dann springe ich auch. Sie wollen Gemeinsamkeit und sehen die Führung als Kollegen.

Konfliktfelder und Fallbeispiele

Dieses Kapitel besteht aus Fallbeispielen, mit denen wir die typischen Konfliktfelder sowie die Chancen der Generationenunterschiede praxisnah aufzeigen. Denn die unterschiedlichen Werte und Kompetenzen der Generationen können entweder als Ressource genutzt werden oder bei mangelndem Verständnis zu dauerhaften Konflikten führen.

In einigen Punkten unterscheiden sich die Generationen besonders deutlich voneinander. Hier kommt es immer wieder zu Missverständnissen und Enttäuschungen:

- Hierarchie/Umgang mit Autoritäten
- Kommunikation
- Eigenverantwortung
- Work-Life-Balance
- Zugehörigkeit
- Selbstverwirklichung und soziale Gerechtigkeit
- Sehnsucht nach Anerkennung und hoher Position
- Lernen in der Wissensgesellschaft
- Ausbildungszufriedenheit
- Flexibilität

Diese Konfliktfelder lassen sich am einfachsten an Fallbeispielen illustrieren. Alle unsere Beispiele sind uns von den Beteiligten so erzählt worden. Sie sind in realen Betrieben oder Institutionen tatsächlich so passiert. Wenn Sie in diesem Kapitel lernen, den anderen zu verstehen, und zwar wirklich mit dem Herzen zu verstehen, dann können Sie gute Umgangsweisen in ähnlichen Situationen finden und all die Irritationen aus dem Weg räumen, die Sie ärgern und die Ihnen Energie rauben. Denn das ist unser Ziel: Verständnis füreinander erzeugen.

Hierarchie/Umgang mit Autoritäten

Wir haben nach wie vor hierarchisch organisierte Betriebe und Institutionen. Gleichzeitig haben die Generationen ein sehr unterschiedliches Verhältnis zu Autorität und Hierarchie. Wie kann man damit im Berufsalltag umgehen? Je nach Situation kann eine hierarchische Organisation mehr oder weniger sinnvoll sein. Denn es geht ja nicht ums Prinzip, sondern um die übergeordnete Frage: Was ist mein Ziel und wie kann ich es erreichen? Ist ein an Hierarchie und Autoritäten orientiertes Vorgehen hier zweckmäßig oder kontraproduktiv? Das wird stark davon abhängen, mit welcher Generation ich es jeweils zu tun habe.

Wie es zum Verlust an Gespür für Hierarchie kommt, möchten wir Ihnen an einer plakativen Geschichte zeigen. Ende der achtziger Jahre, als IT-Technologie, Computer und Programmieren langsam interessant werden, merkt man irgendwann: IT ist ein wichtiges Thema, wir bauen schon mal ein freiwilliges Unterrichtsangebot dazu auf. Wer soll das anbieten? Da fragt die Direktorin ihren Mathelehrer: «Du vielleicht? IT interessiert dich doch.» Der Mathelehrer ist Babyboomer, er denkt: Etwas Neues, eine neue Möglichkeit, herrlich! Ich mache die Weiterbildungen und baue eine IT-Arbeitsgruppe auf. Aber dieser engagierte Lehrer weiß: Morgen im Unterricht wird mindestens einer oder eine besser sein, mehr wissen als ich. Und diese Nachricht verbreitet sich danach wie ein Lauffeuer in der gesamten Schule. Das ist der historische Moment, in dem das ganze abendländische Hierarchiegefüge für die jungen Leute zusammenbricht. Dieses Hierarchiegefüge hat auf drei stabilen Säulen geruht.

Die erste Säule: Alter. Höre auf den und gehorche dem, der älter ist als du, denn er oder sie hat mehr Erfahrung. Wir haben das verbrieft bei Platon in den platonischen Dialogen: Ein älterer Philosoph erwählt einen Knaben und hat mit ihm ein Lehrer-Schüler-Verhältnis. Der Erfahrene und der Lernende. Doch wer zeigt heute wem, wie das Smartphone funktioniert, der Opa der Enkelin, oder ist es nicht gerade umgekehrt?

In der eben beschriebenen Situation merkt die Jugend, dass die Älteren nicht mehr die Erfahreneren sind. Wir jungen Leute sind die Cracks. Damit ist die erste Säule des abendländischen Hierarchiegefüges zu Staub zerfallen. Man kann nicht mehr aus Prinzip Alter mit Erfahrung gleichsetzen.

Die zweite Säule: Dem Experten oder der Expertin soll man blind vertrauen und gehorchen. Sie sehen aber im Beispiel: Im IT-Bereich weiß der Lehrer weniger als die besten Schülerinnen. Damit ist für die Jugend klar: Der Lehrer ist nicht automatisch der Experte!

Die dritte Säule: Höre auf den und gehorche dem, der hierarchisch über dir steht. Ganz früher wäre das der König oder der Gutsherr gewesen, jetzt ist es der Chef oder die Chefin. Und was passiert? Die Jugendlichen sind die ersten, die irgendwo im Internet in einer Bewertung gelesen haben: Dieser oder jener Chef oder jene Chefin hat den Posten durch Beziehungen bekommen und nicht, weil er oder sie fachlich gut ist. Es wird auch immer üblicher, dass Vorgesetzte fachfremd sind, nehmen wir einen Betriebswirtschaftler, der an der Spitze eines Krankenhauses arbeitet. Die Unternehmen sind so komplex geworden, dass der Vorgesetzte längst nicht mehr in jedem Bereich mehr Fachwissen haben kann als seine Mitarbeitenden Und damit glaubt die Generation Y auch nicht mehr a priori, dass ein Vorgesetzter grundlegend etwas zu sagen hätte. Damit ist auch die letzte Säule eingestürzt: Y-ler haben keinen Anlass, an Hierarchie zu glauben.

Die fehlende Einsicht in Hierarchie kann aber auch zur Falle werden, wie wir im nächsten Fallbeispiel sehen werden.

Fallbeispiel 1
Interdisziplinäre Fallbesprechung

Eine Pflegende an einem großen Universitätsklinikum erzählt uns, wie sie einer jungen Auszubildenden erlaubt, an einer interdisziplinären Fallbesprechung teilzunehmen.

Dort treffen sich die beiden Chefärzte bzw. Chefärztinnen zweier Disziplinen, weil der Fall dieses Patienten so komplex ist, dass zum Beispiel Chirurgie und Neurologie kooperieren müssen. Außerdem ist die Pflege vertreten, vielleicht ist ein Psychologe anwesend, und ausnahmsweise darf diese motivierte Lernende dabei sein.

Die Ausbilderin kommt gar nicht auf die Idee, die Lernende vorher zu briefen: «Natürlich bist du nur beobachtend dabei, und das heißt schweigend!» Als Babyboomerin ist das für sie eine Selbstverständlichkeit. Das ahnt die Lernende aber nicht, und so stellt sie kurzerhand vor versammeltem Gremium die Diagnose des Chefarztes in Frage.

In einem hierarchischen System wie dem Universitätsklinikum, in der kurz bemessenen Zeit einer interdisziplinären Fallbesprechung, können es die Silberrücken nicht gebrauchen, wenn irgendein kleiner Lernender mit einer anderen Diagnose dazwischenredet. Da heißt es schnell: Ab jetzt keine Lernenden mehr in der interdisziplinären Fallbesprechung! Es kann auch sein, dass dieser junge Mensch sich in dem Moment den Ruf ruiniert und fortan als frech und aufmüpfig gilt.

Das ist eine Situation, in der den Älteren die Aufgabe zufällt, den Lernenden zu erklären, wann sie so sein dürfen, wie sie sind, und wann es angebracht ist, aus Zeit- und Effizienzgründen, vor allem aber aus Achtung vor der Hierarchie, zu schweigen. Wir müssen aufpassen, dass Generation Y sich nicht aus Versehen ans Messer liefert, nur weil sie im Vergleich zu den älteren Generationen ein anderes Verständnis von Hierarchie und Autoritäten hat: Die Y-ler haben kein Gespür für Hierarchie, für sie gilt immer Augenhöhe.

Fallbeispiel 2
«Kaffeekränzchen?»

Babyboomer und Generation X versuchen oft noch unbewusst, über Hierarchie zu führen. Es kann aber passieren, dass die Generation Y mit ihrer fehlenden Sensibilität davon gar nichts bemerkt!

Eine Vorgesetzte läuft durch die Firmenräume und sieht, wie drei Lernende zusammenstehen und sich unterhalten. Die Führung, Babyboomer oder X, tritt dazu und rechnet fest damit: «Wenn ich jetzt als Vorgesetzte hier dazukomme, dann müssen eigentlich die Lernenden ganz schnell mit schlechtem Gewissen an die Arbeit gehen.» Das passiert natürlich nicht. Also denkt die Führung: «Gut, ich muss mich bemerkbar machen», und fragt nonchalant: «Und, macht ihr Kaffeekränzchen?» Sie denkt: «Spätestens jetzt haben die ein schlechtes Gewissen, spritzen auseinander und gehen wieder ihrer Arbeit nach.» Was jedoch antworten die Y-ler? «Ja.» Die Vorgesetzte traut ihren Ohren nicht. Dieses «Ja» kommt ihr vor wie eine schallende Ohrfeige. Sie fühlt sich sofort persönlich angegriffen, nicht respektiert und lächerlich gemacht. Sie fühlt sich so angegriffen, dass sie gar nicht weiß, wie sie reagieren soll, und beginnt, daran zu zweifeln, ob sie in Zukunft der Führungsfunktion noch gewachsen ist.

Die Lernenden hingegen merken gar nicht, dass sie in diesem Augenblick ihre Führungsperson kränken. Dass sie ihr eigenes Image ruinieren. Dass jeder sie für frech und unverschämt hält. Umgekehrt muss man anmerken, dass die Führung hier auch keinen klaren Auftrag erteilt. Das ist nämlich der blinde Fleck bei Generation X und Babyboomern.

Die Vorgesetzte könnte freundlich hingehen, sich eventuell sogar für eine Minute dazustellen, ein bisschen teambildend mitreden und dann sagen: «Und, habt ihr das und das erledigt? Könnt ihr bitte jenes noch fertigmachen?» An dieser Stelle bitte keine Emotionen! Aufträge formulieren!

Fallbeispiel 3
«Gut gemacht, Herr CEO!»
Ein weiteres Beispiel dafür, wie unterschiedlich die Auffassung des Verhältnisses zwischen Chefetage und Lernenden sein kann, ist das Folgende. Es ist sogar sehr charmant.

Diesmal sind wir in einem sehr großen, traditionell hierarchisch geführten Unternehmen von ca. 4000 Mitarbeitenden. Und nun passiert es, dass ein Lernender tatsächlich einem Mitglied der obersten Geschäftsführungsebene, einem Babyboomer, in der Öffentlichkeit auf die Schulter klopft und sagt: «Gut gemacht, Herr Meyer!» Das führt dazu, dass der Lernende innerhalb einer halben Stunde in seinem Outlook-Kalender drei neue Termine hat. Mit der Abteilungsleiterin, mit seiner Ausbilderin und außerdem gibt es, weil es ein großes Haus ist, eine übergeordnete Ausbildungsverantwortliche. Alle drei fragen ihn vorwurfsvoll, wie er sich in der Öffentlichkeit so gegenüber einem Mitglied der Geschäftsleitung verhalten kann.

Der Lernende weiß gar nicht, was diese drei Termine in seinem Kalender zu suchen haben. Feedback-Kultur funktioniert für Y-ler anders. Sie würden nie auf die Idee kommen, dass an ihrem Verhalten irgendetwas anstößig sein könnte. Der Lernende hat vielleicht nur gedacht: «Ach, positives Feedback verschönert doch die Welt, davon kann man gar nicht genug geben. Der Mensch macht doch seine Arbeit gut, sympathisch finde ich ihn auch, also gleich mal loben.» Dass es für die älteren Generationen sowieso merkwürdig ist, sich unter Männern zu berühren, wirkt hier zusätzlich erschwerend. Der Schlag auf die Schulter kommt in einem hierarchischen Unternehmen nicht gut an. Dem Lernenden dagegen ist wahrscheinlich nicht einmal aufgefallen, dass er den Chef berührt hat. Y-ler haben ein ganz anderes Körpergefühl als Babyboomer.

Es können alles sehr positive Motivationen gewesen sein, bewusste oder unbewusste, die zu diesem freundlichen Feedback führen. Wieder muss man den Auszubildenden schützen und ihm die bestehende Hierarchie und den entsprechenden Verhaltenscode erklären, damit er sich nicht ans offene Messer liefert und sich seine Karriere verbaut, nur weil er in den Augen der älteren Generationen «frech und dreist» auftritt.

Kommunikation

Auch beim großen Thema «Kommunikation» – wer traut sich wann was zu sagen? – müssen wir bei den verschiedenen Generationen mit sehr unterschiedlichen Auffassungen rechnen.

Fallbeispiel 4

Schockraumtraining

Wir dürfen bei einem sogenannten Schockraumtraining dabei sein. Das ist ein spezielles Training für das Operationsteam in der Notaufnahme eines großen Universitätsklinikums, dort, wo wirklich die Schwerstverwundeten landen und die medizinischen Situationen oft lebensbedrohlich sind. Das OP-Team muss also sehr schnell und in hochkomplexen Situationen richtig handeln. Es ist drei Uhr nachts, alles voller Blut. Mehr sieht man am Anfang nicht. Nun ist es die Aufgabe des OP-Teams, das aus Anästhesist, Chirurg, Anästhesiepflege und Chirurgiepflege besteht, schnellstmöglich herauszufinden, was los ist und was zu tun ist. Der Patient ist eine voll verkabelte Puppe, das wissen die Beteiligten selbstverständlich. An den Monitoren wird nun eingespielt, dass die Situation sich immer stärker verschlechtert und der Patient in akuter Lebensgefahr schwebt. Ärzte und Pflegende erzählen uns später: Die Situation wird so real, dass sie wirklich das Gefühl bekommen, es sei eine echte Situation und der Patient wäre ein Mensch. Ein sehr interessantes Setting. Nach jeder Übung geht man in einen anderen Raum und bespricht, wo man noch besser hätte agieren können, um noch schneller gemeinsam zur richtigen Lösung zu kommen.

Nun ist die Situation folgende: Die Patientenpuppe kommt laut Monitoren in eine immer ernstere Situation. Es ist eine Gesichtsverletzung, alles voller Blut. Irgendwann kommen die beiden Ärzte darauf, dass man nicht mehr anders beatmen kann als mittels eines Luftröhrenschnitts. Beide Ärzte sind junge Assistenzärzte. Sie tauschen sich kurz aus und es stellt sich heraus, keiner von ihnen hat Erfahrung mit diesem Schnitt. Der Schnitt ist ein sehr gefährlicher Eingriff. Als wir später in der Feedbackrunde darüber sprechen, sagt die sehr viel ältere Pflegende, eine Babyboomerin: «Na ja, es kam schon vor, dass ich in ähnlichen Situationen doch gesagt habe: ‹Ich hole jetzt den chirurgischen Oberarzt!›»

Und nun kommt der springende Punkt: Es ist wichtig, dass über Hierarchiegrenzen hinweg jemand, der eine gute Idee hat, diese auch äußert. Weil die Situation so brenzlig ist, dass man wirklich alle Kompetenzen braucht und sich nicht nur auf die beiden Ärzte oder Ärztinnen verlassen darf.

Die Babyboomerin tut es in der Trainingssituation jedoch nicht, sie schweigt. Sicherlich geht ihr ganz vieles durch den Kopf: «O je, der junge Assistenzarzt, und ich hole seinen Vorgesetzten. Wie kann ich seinen Chef herbeirufen, das ist doch für ihn eine Blamage» oder «Es steht mir als Pflege in der hierarchisch niedrigeren Position nicht zu, den Arzt zu übergehen und seinen Vorgesetzten zu holen. Das wäre anmaßend. Das müsste er schon selbst tun.» So in etwa denkt sie und deswegen kann sie das nicht so einfach vorschlagen. Und was passiert weiter? In dem Moment, wo die pflegende Babyboomerin in der Feedbackrunde äußert: «Ich habe das in solchen Situationen schon getan!», sagen beide jungen Assistenzärzte: «Da wäre ich aber froh gewesen, ich habe im Stress total vergessen, dass es den Oberarzt überhaupt noch gibt!»

Wir merken: Ein sehr guter Lösungsansatz geht aufgrund von Hierarchiebedenken verloren. Es ist dazu noch eine weibliche Pflegende. Und diese Situation, in der Sekunde aufzustehen und zu sagen: «Wir machen jetzt das und das», fällt den Babyboomerinnen besonders schwer. 15 bis 20 Jahre lang haben sie immer Hierarchie zu spüren bekommen und immer gehört: «Schweig, du bist nicht gefragt worden!» Umgekehrt spielen all ihre Bedenken (Chef holen = Blamage) für die zwei jungen Assistenzärzte überhaupt keine Rolle. Sie empfinden ihren Einwurf als hilfreiche Unterstützung ohne hierarchische Komplikationen. Bei diesem Thema, Ideen wirklich zu äußern, brauchen die Babyboomer permanente Unterstützung. Man muss sie immer wieder aufs Neue ermuntern, ermutigen und auch direkt nachfragen: «Hast du noch eine Idee?» Die jungen Assistenzärzte müssen also auswendig lernen, einmal schnell in die Runde zu fragen: «Wer hat noch eine Idee?», um wiederum das Türchen zu öffnen, durch das sich auch Babyboomer hindurchtrauen.

In einer anderen Situation in einem Schockraumtraining baut der anwesende Oberarzt tatsächlich in sehr kurzen Abständen die Frage ein: «Hat noch jemand eine Idee?», was es den Pflegenden, aber auch dem Assistenzarzt der anderen Fachdisziplin erleichtert, sich über Fach- und Hierarchiegrenzen hinaus zu äußern, selbst in der stressigen Situation, in der jede Minute zählt.

Fallbeispiel 5
Klischeefalle «innovationsfeindlich»

Wir möchten Ihnen noch eine weniger spektakuläre Situation schildern: Eine Führungsperson in unserem Alter, also Generation X, erzählt: «Also mir ist das Mitdenken des Teams wichtig, ich möchte ja die Mitarbeitenden an Verbesserungsvorschlägen beteiligen. Das habe ich in einer Teamsitzung bekanntgegeben: ‹Mir ist das wichtig, bitte bringt eure Vorschläge ein, sodass wir hier unsere Prozesse optimieren können und gute Ideen umsetzen.›» Über ein halbes Jahr notiert sie die Vorschläge und von wem sie kommen. «Und stell dir vor, was ich gefunden habe: Ungefähr 80 Prozent der Vorschläge kamen von Generation Y, 20 von Generation X und über die ganze Zeit verteilt nur zwei Vorschläge von den Babyboomern. Typisch! Die sind innovationsfeindlich!»

Zack! Die Klischeefalle ist zugeschnappt. Was hat sie aus Versehen getan? Sie hat eine Möglichkeit zur Beteiligung gegeben, die die Babyboomer aufgrund ihres Habitus kaum ergreifen können!

Die Mehrheit der Babyboomer auf Mitarbeiterebene hat nach wie vor tief gespeichert: «Schweig, du bist nicht gefragt worden.» Für sie ist es in einer großen Teamsitzung, die fast immer unter Zeitdruck stattfindet und verschiedenste Tagesordnungspunkte hat, doppelt und dreifach schwierig, den Finger zu heben, sich aktiv Redezeit zu nehmen und zu sagen: «Ich schlage das und das vor.»

Was ist gleichzeitig passiert? Die Gruppe der Babyboomer wird aller Wahrscheinlichkeit nach das ganze Jahr über tief enttäuscht gewesen sein und das Gefühl gehabt haben: «Unsere Erfahrung ist hier gar nicht erwünscht. Unsere Ideen sind nicht gefragt.» Weil sich Babyboomer der mittleren Ebene nicht trauen, sich in öffentlichen Gesprächen zu Wort zu melden. Es hat sich daher bewährt, die Meinung der Babyboomer immer wieder in Zweiergesprächen einzuholen. «Hast du einen Verbesserungsvorschlag, hast du eine Idee?» Eins zu eins, am besten noch mit Vorbereitungszeit, können Babyboomer sehr gut sprechen. Was sie jedoch immer brauchen, ist eine vertrauensvolle Atmosphäre, sonst bleibt ein großer Rest an Zurückhaltung.

Eine andere gute Möglichkeit ist es, den Babyboomern die Aufgabe anzuvertrauen, im Team die Verbesserungsvorschläge zusammenzutragen, z. B. als Vorbereitung auf die entsprechende Sitzung. Hier können altershomogene Vorbereitungsgruppen von Vorteil sein. Dann können die Babyboomer sich in ihren Argumenten gegenseitig bestärken, ehe sie damit ins Team treten.

Wir können nur dazu ermuntern, die Babyboomer aktiv nach ihren Verbesserungsvorschlägen und Erfahrungen zu fragen.

Fallbeispiel 6

Generation X – sieben kritische Fragen pro Teamsitzung

Generation X fällt es schon deutlich leichter als den Babyboomern, ihre Meinung zu sagen. Sie hat jedoch eine ganz eigene Art, dies zu tun, nämlich als kritisches Hinterfragen. Eine Teamleiterin, Babyboomerin, erzählt uns im Vertrauen von einer Mitarbeiterin, die in jeder Teamsitzung an die fünf bis sieben kritische Fragen stellt. «Fachlich ist sie gut, eigentlich brauche ich sie», teilt uns die Teamleiterin mit, «aber diese dauernde Kritik macht mich wahnsinnig. Ich glaube, die sägt vor aller Augen an meinem Stuhl. Ich werde versuchen zu erreichen, dass sie hausintern wechseln muss.» Nachdem wir gemeinsam die Situation analysiert haben, wird deutlich, dass diese Mitarbeitende selbst gar kein Interesse an einer Führungsfunktion hat und auch an keinem Stuhl sägt. Vielmehr ist sie eine ganz typische X-lerin. Wissen, so haben die X-ler in ihrer Jugend angesichts der Umweltkatastrophen gelernt, muss kritisch hinterfragt werden. Mutig und selbstständig denkende Menschen sind also die, die kritische Fragen auch laut stellen. Und als kleiner Rest aus der No-Future-Haltung ihrer Jugend bleibt im Arbeitsleben der Blick für das, was schlecht läuft, übrig. Wir schlagen der Führungsperson drei Umgangsweisen vor: Erstens der Mitarbeitenden, ohne ihr böse zu sein, zwei kritische Fragen pro Teamsitzung zuzugestehen, weil es ihr als X-lerin wichtig ist. Zweitens bei jeder dieser kritischen Fragen freundlich nachzuhaken, ob sie schon eine konkrete und realisierbare Lösungsidee habe. Kontinuierlich und wertschätzend durchgeführt, ist das eine Förderung in konstruktivem Denken. Und drittens die Mitarbeitende anzusprechen auf die knappe Zeit in den Teamsitzungen und sie zu bitten, maximal zwei kritische Fragen zu äußern und alle anderen Fragen bilateral mit der Chefin vorher oder anschließend zu klären.

Bei diesem letzten Vorschlag schlägt die Teamleiterin die Hände über dem Kopf zusammen: «Dann kommt die ja alle Nase lang zu mir ins Büro, die Zeit hab ich gar nicht!» «Ausprobieren», empfehlen wir. Denn es kann gut sein, dass es kaum dazu kommen wird. Denn oft ist Generation X die kritische Frage selbst nicht mehr so wichtig, wenn es keine geeignete Öffentlichkeit dafür gibt. Und die wenigen Male, die sie kommt, sind beste Gelegenheiten, um ihr Wertschätzung für ihre gute Arbeit zu geben. Mit dieser neuen Grundeinstellung verbessert sich tatsächlich das Arbeitsverhältnis zwischen den beiden Personen in kurzer Zeit spürbar und eine gute Fachkraft kann gehalten werden.

Fallbeispiel 7
Lernende korrigiert die Abteilung
Auch Y-ler haben ihre Eigenart beim Kommunizieren. Es fällt ihnen sehr leicht. So leicht, dass sie dafür gar nicht den festen Termin einer Teamsitzung brauchen.

Eine Ausbilderin erzählt uns recht schockiert: «Meine neue Lernende hat tatsächlich am zweiten Tag der Lehre damit angefangen herumzulaufen und zu sagen, was hier alles falsch läuft. In der Schule hätten sie es anders gelernt.» Unerträglich anmaßend und frech in den Augen der Ausbilderin. Bei näherem Nachfragen wird deutlich, dass diese offenbar Verbesserungsvorschläge anbringen wollte. Generation Y zögert damit nicht. Wenn sie eine Verbesserungsidee hat, spricht sie diese aus. Es gibt keinen Grund, schüchtern abzuwarten, Y-ler gehen auch nicht davon aus, dass alles schon seinen Sinn haben wird. Und sie kommen auch nicht auf die Idee, dass sie nach nur zwei Tagen noch nicht den Überblick haben und die Dinge nicht korrekt einschätzen können. Nein, sie setzen sich auf Augenhöhe mit allen anderen, vertrauen auf ihren Verstand und das Gelernte und möchten ihr Engagement zeigen, indem sie Verbesserungsvorschläge einbringen. Dass genau dieses Verhalten bei Babyboomern und X-lern falsch ankommen kann, ist tragisch.

Wir empfehlen dringend, die Unverblümtheit von Generation Y nicht persönlich oder als Kritik zu nehmen. Generation Y will nicht vornehmlich kritisieren. Generation Y will aktiv sein und als vollwertiges Teammitglied anerkannt sein. Y-ler wollen ihre Kompetenz und ihr Engagement beweisen, indem sie Verbesserungsvorschläge unterbreiten.

Eigenverantwortung

Eigenverantwortung wird sehr unterschiedlich interpretiert. Alle sind dafür, jeder meint was anderes.

Für Babyboomer bedeutet Eigenverantwortung vorauseilenden Gehorsam und «Ich bin allein verantwortlich». Das heißt zuallererst: Ich muss es schaffen! Ich muss den Überblick über die Aufgaben haben und alles korrekt machen. Sie fühlen sich sehr schnell für alles zuständig. Um Hilfe bitten, delegieren oder Überlastung zugeben kommt da zunächst nicht vor. Eher länger bleiben und Pausen durcharbeiten. Und Babyboomer-Chefs und -Chefinnen arbeiten schnell auf Mitarbeiterebene mit, wenn Zeitmangel herrscht.

Für Generation X ist Eigenverantwortung der Wunsch nach Gestaltungsfreiheit. X-ler übernehmen die Verantwortung für das Ergebnis und wollen den Weg selbst bestimmen. Das führt vor allem zu einer hohen Erwartungshaltung gegenüber den anderen. In der Führung bedeutet es: «Der Laden muss laufen, auch ohne Chef oder Chefin.» Genaue Anleitung halten sie oft für überflüssig und gehen schnell davon aus: «Die Leute wissen, was sie zu tun haben.» Kontrolle fällt ihnen sogar noch schwerer.

Generation Y übernimmt Eigenverantwortung einerseits im Sinn von Selbständig-etwas-Ausführen, aber auf Basis genauer Instruktionen: «Ich mach es schon, wenn man mir genau sagt, was, bis wann, wie ich es machen soll und wenn ich es sinnvoll finde.» Andersits ist es für Generation Y ein deutliches Zeichen von Eigenverantwortung, wenn sie, wie wir im Fallbeispiel oben gesehen haben, Eigeninitiative in Form von Verbesserungsvorschlägen zeigt. Das ist ihre Art der Verantwortungsübernahme für die Abteilung oder den Betrieb.

Fallbeispiel 8

Medikamentenvergabe – Bitte um Kontrolle

Am folgenden Beispiel wird deutlich, wie erstaunt X-ler sind, wenn sie erfahren, dass ihre Mitarbeitenden manchmal keine Appelle an Eigenverantwortung mehr hören können und sich stattdessen Kontrolle wünschen!

Die Führung (Generation X) in einem Altersheim stellt fest, dass die Vergabe von medizinischen Anwendungen, also beispielsweise von Augentropfen oder Hautcremes, oft vergessen wird. Sie versucht alles, ver-

Eigenverantwortung

»Was kann ich tun?«
»Bitte mehr Kontrolle!«

deutlicht die Wichtigkeit, appelliert an die Eigenverantwortung. Schlampigkeit wird zum Dauerthema in den Teambesprechungen. Irgendwann fragt sie ihre Mitarbeitenden, mehrheitlich Generation Y, ganz direkt: «Ihr könnt das doch. Woran liegt es denn? Was kann ich tun?» Und die Mitarbeitenden schlagen vor: «Bitte mehr Kontrolle.» Die Führung ist komplett konsterniert, weil sie es im Leben nicht für möglich gehalten hätte, die Mitarbeitenden der Generation Y wünschten sich mehr Kontrolle. Sie selbst will kein «Hilfspolizist» sein. Aber da das Team nun darum bittet, fragt sie: «Was für eine Kontrolle wünscht ihr euch? Was soll ich konkret tun?» Die Mitarbeitenden wollen eine Liste, auf der zwei bis dreimal am Tag zu den entsprechenden Uhrzeiten eine Unterschrift zu leisten ist, dass die Anwendungen verabreicht worden sind. Die Führung soll diese Unterschriften regelmäßig kontrollieren. Im ersten Moment denkt die Führung: «Um Gottes Willen, jetzt werde ich hier tatsächlich zum Hilfspolizisten». Ihren Mitarbeitenden zuliebe und weil es ihr erklärter Wunsch ist, verfasst sie die Listen und kontrolliert sie mehrmals täglich. Allein die Kontrolle hat ihre Wirkung, und nach zwei bis drei Erinnerungen ist der Missstand beseitigt.

Man kann hier aus Führungstheorien ergänzen, dass Mitarbeitende oft den Eindruck haben, dass, wenn die Führung die Arbeit nicht kontrolliert, die Sache nicht so wichtig ist. Entsprechend dauert es nicht lange, bis sie nachlässiger werden.

Wir empfehlen daher gerne, durchaus mehr zu kontrollieren und die Kontrolle auch als Anlass für Wertschätzung und Lob zu nehmen.

Fallbeispiel 9
Dokumentation – Bitte um Sanktionen

Im folgenden Beispiel wird noch deutlicher, wie bedeutsam das Konfliktthema «Eigenverantwortung versus Kontrolle» ist.

In einem Altenheim wird festgestellt, dass die Einträge über die erbrachten Pflegeleistungen sehr ungenügend gemacht werden. Diese Dokumentation ist aber notwendig, um die Leistungen von der Versicherung vergütet zu bekommen. Die Führung, Generation X, vergewissert sich, dass die Deutschkenntnisse ausreichen und dass klar ist, wie dokumentiert wird. Erstaunlicherweise stellt sich keine echte Verbesserung in der Dokumentation ein. Als sie nicht mehr weiterweiß, fragt sie in einer Teamsitzung: «Was kann ich tun? Was schlagt ihr vor, damit wir das hinbekommen?» Die Antwort der Mitarbeitenden lautet «Bitte kontrolliere es, und wir brauchen Sanktionen». Die Führung erschrickt, weil das nicht ihre Art ist. Sie pflegt einen sehr wertschätzenden Führungsstil, Sanktionen sind nicht ihre Art. Also fragt sie: «Ja, was wollt ihr denn für Sanktionen?» Da sagen die Mitarbeitenden: «Wir möchten etwas, was uns richtig wehtut! Wir machen eine Kasse auf, und wer ein einziges Mal die Dokumentation bei einem einzigen Patienten vergessen hat, muss fünf Euro einzahlen.» Nun wissen wir alle, dass Pflegekräfte in Alten- und Pflegeheimen nicht besonders viel verdienen. Und dann fügen sie hinzu: «Wenn genug drin ist, gehen wir von dem Kässchen zusammen Pizza essen!»

Merken Sie, welcher zweite Wert hinzukommt? Das Nest. Sie wünschen sich die Kontrolle, sie wollen auch, dass es wirklich alle machen, und zur Durchsetzung schlagen sie Sanktionen vor. Aber von den Erträgen der Sanktion wollen sie Pizza essen! Das ist weit entfernt vom Schlagen mit dem Gürtel oder anderem, was Babyboomer an Sanktionen erlebt haben.

Das System funktioniert wunderbar. Dieses schöne Kässchen beherbergt nach geraumer Zeit genau zehn Euro. Irgendwann beschließt das Team, auf eigene Kosten gemeinsam Pizza essen zu gehen.

Empfehlenswert sind Sanktionen, die dem Team zugutekommen. Das Kässchen ist das eine. Kuchen oder eine Runde Feierabendbier mitbringen zu müssen, hat auch schon Wunder gewirkt.

Fallbeispiel 10
«Schau, was zu tun ist» – Bitte um klaren Auftrag

Vor allem in der Ausbildung erleben wir häufig, dass Meister oder Ausbilder der Generation X an Lernende und junge Mitarbeitende einen hohen Anspruch hinsichtlich der Übernahme von Verantwortung stellen. Wenn dieser nicht erfüllt wird, glaubt Generation X sofort: «Da ist keine Motivation.» Das liegt zum Teil daran, dass die X-ler vergessen, wie viel Überblick man wirklich haben muss, bevor man eigenverantwortlich handeln kann. Folgende Situation kommt häufig vor – sei es in einem Krankenhaus oder in der Altenpflege.

Eine junge Mitarbeiterin kommt zur Führungskraft und sagt: «Du, ich bin schon fertig mit meinen Sachen, was soll ich denn jetzt noch machen?» Die Führung hat gerade keinen speziellen Auftrag und irgendwie auch den Kopf woanders und sagt schnell: «Ach, geh doch mal durch die Zimmer und schau, was da zu tun ist.» Und dann geht diese junge Person von vielleicht 19, 20 oder auch 25 Jahren durch die Zimmer: Und sie sieht nichts. Sie kommt total frustriert zurück und hat das Gefühl, dass sie keine anständigen Aufträge mehr bekomme, denn, es ist schon zwanzig Minuten vor Dienstschluss. Dann fragt sie noch unglücklicherweise: «Darf ich früher gehen?», da wissen wir schon, wer sich gleich darüber aufregen wird und das als mangelnde Motivation auslegt. Dabei hat die Lernende schlichtweg nichts gesehen! Die Führung oder auch eine erfahrenere Pflegekraft geht durch die Zimmer und sieht wahnsinnig viel. Da könnte man das Leintuch glattstreichen, dort ist ein verwelkter Blumenstrauß, hier könnte man das Nachttischchen richten, da sind vielleicht die Cremes und Augentropfen nicht so sortiert, wie sie sortiert sein sollten, und was man immer machen kann, ist ein Gespräch mit den Patienten oder Bewohnern beginnen. All das sieht eine junge Person noch nicht, weil sie den Überblick nicht hat. «Schau mal, was zu tun ist!» reicht als Arbeitsanweisung nicht aus. Geben Sie konkrete Aufträge!

Fallbeispiel 11
«Kann ich früher gehen?»

Häufig kommt es vor, dass die Auszubildenden bereits kurz vor Feierabend mit den ganzen Routinetätigkeiten fertig sind, und dann sieht man sie im Gang miteinander plaudern, irgendwo herumsitzen und mit den Handys spielen. Wie im vorhergehenden Beispiel sehen sie oft nicht, was sie sonst noch zwischendurch erledigen könnten.

Ein Lehrmeister hat uns eine wunderbare Lösung dafür präsentiert. Auch er hat das Problem, dass sein Lehrling dauernd eine Viertelstunde früher gehen will. Er setzt sich mit dem Lernenden zusammen und gemeinsam bauen sie einen Katalog auf: «Was kann man machen, wenn nur noch zwanzig Minuten übrig sind oder zehn oder zwölf?» Das ist eine sehr gute Lösung. Wir haben auch von Lernenden gehört, dass es für sie unbefriedigend ist, wenn sie keine klaren Aufträge bekommen. Sie wollen konkrete Aufgaben, die sie auch erledigen können.

Fallbeispiel 12
Der kurze Dienstweg

Y-ler oder Z-ler haben vielleicht, je nachdem, wie lange sie schon für den Betrieb arbeiten, noch nicht genug Übersicht, um zu erkennen, wo etwas erledigt werden sollte. Dennoch sind sie sehr stark darin, eigenverantwortlich Lösungen für ein konkretes Problem zu finden.

So berichtet uns eine Stationsleitung in einem Krankenhaus von einem morgendlichen Rapport, in dem, wie so häufig, überraschender Personalausfall thematisiert wurde. Während die anderen Mitarbeitenden noch überlegen, wie man priorisieren und umverteilen könnte, um die Situation bestmöglich zu lösen, geht die neue Lernende kurzerhand auf eine andere Abteilung und organisiert von dort eine Vertretung.

Für Babyboomer und Generation X ist diese Leichtigkeit, über Abteilungsgrenzen hinweg Lösungen zu finden, neu. Sie sind es gewohnt, in Abteilungsgrenzen zu denken und haben das Gefühl, sie müssten die Situation innerhalb dieser Grenzen eigenverantwortlich und ohne Hilfe von außen lösen. Generation Y denkt abteilungsübergreifend. Eigenverantwortung heißt für sie: «Ich hole eigenverantwortlich Hilfe.»

Fallbeispiel 13
Bachelorstudierende mit Defiziten in Praxis

Wie weit die Meinung über Sinn und Unsinn von Eigenverantwortung zwischen den Generationen auseinandergehen kann, zeigt folgendes Beispiel: Eine Bachelor-Studierende absolviert ein duales Studium mit Pflegewissenschaft und Praxisausbildung im Krankenhaus. In der praktischen Ausbildung stellen sich Defizite heraus in einem Thema, das im Vorjahr theoretisch durchgenommen worden ist. Für die Ausbilderin, Generation X, ist völlig klar, dass es in der Verantwortung jeder Einzelnen liegt, sich selbstständig Grundlagenwissen anzueignen. Sie weist die Lernende darauf hin. Sie erklärt ihr, welches Grundlagenthema sie nachbearbeiten soll, und zeigt ihr sogar die Kapitel im entsprechenden Fachbuch. Die Studentin, Generation Y, fragt: «Geht das auf Arbeitszeit?»

Man muss erwähnen, dass die Studierenden etwa für Lerndokumentationen tatsächlich teilweise Arbeitszeit eingeräumt bekommen. Die Ausbilderin denkt: «Ich bin nett, ich weise sie darauf hin, ich gebe ihr die Chance, das zu verbessern», und reagiert sehr irritiert auf die Frage. Sie denkt sich: «Geht es noch? Ich unterstütze sie, indem ich ihr zeige, da fehlt ihr was. Etwas nachzuholen, ist Sache der Eigenverantwortung. Und das heißt in der Freizeit zuhause!» Die Studentin sagt: «Wenn ich dafür keine Arbeitszeit zur Verfügung gestellt bekomme, dann mache ich das nicht.» Sie sagt also ganz klar: «Nein.» Die Ausbilderin ist enttäuscht und fest davon überzeugt: «Diese Studentin ist null Komma null motiviert.»

Dieses Beispiel ist uns in einem Kurs erzählt worden. Im gleichen Kurs sitzt eine Teilnehmerin aus Generation Y, die sich sofort meldet und sagt: «Ich habe etwas ganz Ähnliches erlebt. Ich war in einer solchen Situation und sollte in der Freizeit etwas nachholen. Entschuldigung, wie soll ich denn das machen? Ich arbeite hier hundert Prozent im Betrieb. Und jetzt wollen die noch von mir, dass ich es irgendwie schaffe, in meiner Freizeit Themen nachzuholen. Ich muss ja noch für das Studium den aktuellen Stoff lernen. Wie kann ich da zusätzlich etwas vom letzten Jahr nachholen? Ich habe ja auch noch ein anderes Leben und muss da Sachen organisieren. Ich arbeite hundert Prozent, bin hundert Prozent motiviert. Und die behaupten, mir fehle die Motivation. Weil ich ein Thema vom letzten Jahr, in dem ich alle Prüfungen bestanden habe, jetzt nicht in der Freizeit nachholen will. Die geben mir gar keine Chance!»

Die Teilnehmerin bricht beinahe in Tränen aus! Und das Eindrückliche ist, dass die ganze anwesende Generation X total erschrickt und erkennt, was sie mit ihrem Anspruch an Eigenverantwortung den anderen letztlich antut.

Work-Life-Balance
Work-Life-Balance gibt es bei Babyboomern noch nicht. Nach wie vor erleben wir bei ihnen einen Vorrang der Arbeit vor dem Privaten. Die Generation X hat das Bedürfnis nach Work-Life-Balance bemerkt und benannt. Sie strebt es auch an, ertappt sich aber immer wieder in der Situation «Ich muss noch 148 Mails checken ...» Für Generation Y ist dagegen Work-Life-Balance ein Markenzeichen und eine Lebenseinstellung, die zu opfern sie nicht mehr bereit ist. Es geht ihr klar um das ganzheitliche Lebensglück. Selbst Berufe, die für ihre langen Arbeitszeiten bekannt sind, machen da keine Ausnahme.

Eine Studie bei über 9000 Medizinstudierenden, die alle bereits längere Praktika in der Klinik absolviert haben, belegt, «dass Work-Life-Balance für die zukünftige Ärzteschaft der wichtigste Faktor zur Berufszufriedenheit ist».[1] Entsprechend häufig liegt bei Generation Y die Wunscharbeitszeit bei 80 Prozent.[2] Die Babyboomer fragen sich im Stillen: «Wenn sie jetzt nix schaffen wollen, wann dann?» Babyboomer müssen alles, was nicht 100 Prozent ist, rechtfertigen.

Fallbeispiel 14

Erst die Arbeit, dann das Vergnügen
Wann lässt ein Babyboomer seinen Lehrling früher gehen? Wenn dieser, wie es so häufig vorkommt, fragt: «Darf ich heute eine Stunde früher gehen? Heute Abend ist ein Festival in Luzern, ich würde gern mit meiner Clique den Zug nehmen, und ein bisschen richten muss ich mich ja auch vorher. Könnte ich ausnahmsweise?» – «Für eine Party früher gehen?», denkt der Babyboomer, «das geht gar nicht! Diesem Lehrling muss ich

---

[1] Kasch et al. (2015), S. 140.
[2] Hösli et al. (2013), S. 143.

wohl noch ein bisschen die Prioritäten und Arbeitswerte beibringen.» Und er sagt nein.

Ein paar Monate später kommt ein anderer Lehrling und stellt die gleiche Frage, nur mit einer anderen Begründung: «Darf ich heute eine Stunde früher gehen? Du weißt ja, meine Eltern haben einen Betrieb. Wir haben heute Tag der offenen Tür. Mein Vater hat mich gerade angesimst, es sind doppelt so viele Besucher wie erwartet. Sie brauchen dringend noch jemanden, der eine zusätzliche Betriebsführung übernehmen kann. Kann ich ausnahmsweise früher gehen?» – «Na, mach, dass du wegkommst!», sagt der Babyboomer. «Wir kommen hier die letzte Stunde auch ohne dich klar.» Früher gehen, um mehr zu arbeiten, nicht für die eigene Kasse, sondern im Familienbetrieb, das entspricht dem Wert der Babyboomer: Erst die Arbeit, dann das Vergnügen.

Wenn es also doch möglich ist, hin und wieder die letzte Stunde ohne die Lehrlinge klarzukommen, dann empfehlen wir immer, sich in die Lernenden hineinzuversetzen: Was ist ihnen wichtig? Wann fühlen sie sich im Betrieb wahrgenommen? Vielleicht gelingt es Ihnen dann öfter, auch für ein Vergnügen eine Stunde frei zu geben. Work-Life-Balance ist einer der wichtigsten berufsbezogenen Werte, die die Generation Y hat. Man kann sich ja durchaus dafür einen anderen Gefallen erbitten, z. B. die Übernahme einer unbeliebten Tätigkeit oder eines schwer zu besetzenden Dienstes. Dealen Sie!

Fallbeispiel 15
«Ich glaub, ich bin krank»
Work-Life-Balance bedeutet für Generation Y auch, die eigene Gesundheit nicht dem Betrieb zu opfern. Bei Babyboomern und teilweise bei Generation X ist es noch selbstverständlich, sich abzuarbeiten und beispielsweise Rückenschmerzen und Abnutzungserscheinungen als selbstverständlich in Kauf zu nehmen. Ab Generation Y wird das anders. So wie sich das Gesundheitssystem geändert hat und vermehrt auf Prävention setzt, sind bei Generation Y Kurzzeitabsenzen normal. Bei aufkeimender Erkältung bleiben sie zuhause. Sie verstehen dann auch die älteren Generationen nicht, die noch mit 39 Fieber oder dem nicht ganz verheilten Kreuzbandriss zur Arbeit kommen, alle anstecken oder den eigenen Heilungsprozess

behindern und auf ihre angebliche Leistungsbereitschaft noch stolz sind. Für Generation Y ist das nur dumm.

Diese weit auseinanderklaffenden Lebenseinstellungen führen oft zu Unverständnis. So berichtet eine Teamleitung vom morgendlichen Anruf eines jungen Mitarbeiters, der sagt: «Ich kann heute nicht kommen, ich glaub, ich werde krank». Der Teamleiter traut seinen Ohren nicht. Seit wann ist Krankheit Glaubenssache? Von außen betrachtet, hören wir deutlich beim Y-ler den Präventionsgedanken heraus. Bei aufkeimender Erkältung gleich im Bett bleiben, dann bin ich morgen wieder fit. Der Teamleiter, der akuten Personalmangel hat, wählt einen Mittelweg. Er fragt sehr wertschätzend nach, wie es dem jungen Mitarbeiter so geht, und versucht eine Ferndiagnose. Dann sagt er: «Komm und versuch es, vielleicht geht es ja. Wenn es nicht geht, kannst du am Mittag nach Hause.» Tatsächlich kommt der junge Mitarbeitende und sein Zustand ist doch besser als gedacht. Er bleibt den ganzen Tag und wird auch die darauffolgenden Tage nicht krank.

Die Bitte «Komm und probier es!» kann eine sehr gute Lösung sein, wenn Unsicherheit besteht, ob sich jemand leichtfertig krankmeldet.

«Ich glaub, ich werde krank!»

Fallbeispiel 16
«Nix da, hier wird gearbeitet!»

Wir müssen aber auch sehr aufpassen. Aufgrund der neuen Wichtigkeit der Work-Life-Balance und der geringeren Bereitschaft, die eigene Gesundheit dem Betrieb zu opfern, entsteht schnell das Vorurteil, Generation Y würde sich immer leichtfertig krankmelden. Es gibt aber auch hier das genaue Gegenteil.

Ein junger Koch berichtet, dass er schon tagelang mit einer Grippe zu kämpfen hat. Er will den Betrieb nicht hängen lassen und geht trotzdem zur Arbeit. Als es immer schlimmer wird, schleppt er sich noch einen Vormittag hin, weil er weiß, vormittags ist am meisten Stress in der Küche, da will er das Team nicht im Stich lassen. Als er dann mittags dem Chef sagt, «Ich bin krank, ich geh heim. Morgen bin ich wieder bereit», versteht dieser das ganz falsch und denkt: «Aha, wenn der weiß, dass er morgen wieder da ist, dann will er heute Nachmittag nur blau machen», und er antwortet tatsächlich: «Nix da, du bleibst da, blaumachen gibt's hier nicht!» Der Lehrling ist sehr enttäuscht. Seine ganze Leistungsbereitschaft, dass er den Vormittag noch kommt, weil da jede Hand gebraucht wird, dass er sich nur schonen will, um morgen wieder fit zu sein, das alles wird übersehen und als «Blaumachen» abgestempelt.

Eine ganz wichtige Empfehlung: Schauen Sie genau hin. In Bezug auf Krankmeldungen gibt es große Unterschiede in Generation Y. Es gibt diejenigen, die man bei einem Hauch von Unwohlsein ermuntern muss, doch zur Arbeit zu kommen. Und es gibt diejenigen, die sich eher wie Generation X und Babyboomer noch sehr lange verpflichtet fühlen, zur Arbeit zu kommen. Diese sollte man nach Hause schicken.

Zugehörigkeit

Zugehörigkeit ist ein Wert der Generation Y, der ein eigenes Kapitel verdient. Wir gehen noch mal auf die Shell-Jugendstudie ein. Wir sehen die obersten beiden Werte, die weit über 90 Prozent als «sehr wichtig» erachteten: gute Freunde haben und ein gutes Familienklima haben. Das sind Nestbauwerte. Die Shellstudie 2015 bestätigt das. «Freundschaft, Partnerschaft und Familie» stehen an erster Stelle. Familie, das sind Papa und Mama, eigene Kinder haben diese jungen Erwachsenen oft noch nicht. Gutes Familienklima: Was ist die Antwort der Babyboomer? «So schnell wie möglich ausziehen!» Was ist die Antwort von Generation X? Viel Rebellion, auch in den Familien. Viel Provokation und Widerstand. Generation Y wünscht sich ein gutes Familienklima. «Ja, es ist mir sehr wichtig, ein gutes Familienklima, Papa und Mama.» Das sind die ersten Nestbauwerte. Und genauso erleben wir es in den Abteilungen. Wir haben auch dazu verschiedene Fallbeispiele gesammelt.

Fallbeispiel 17
Kündigung nach vier Stunden

Eine junge Auszubildende fängt in einer Zimmerei an. Sie wird morgens begrüßt, allen vorgestellt und darf dann mit dem Team mitgehen auf die Baustelle, wo ein Dachstuhl gebaut wird. In der Mittagspause kommt sie zurück, geht zum Geschäftsführer und sagt: «Ich kündige.» Der Meister macht große Augen und fragt, warum. Ihre Antwort: «Ich bin hier nicht willkommen geheißen worden.» Es hat ihr nicht gereicht, einfach vorgestellt zu werden und dann mitlaufen zu dürfen, einfach so, als fünftes Rad am Wagen. Wir können noch vermuten, dass es vielleicht einen frauenfeindlichen Spruch gegeben hat. Nach vier Stunden reicht es ihr für eine Kündigung.

Fallbeispiel 18
Lehrling will abbrechen

Umgekehrt kann man mit einem starken Investment in Integration und Aufmerksamkeit auch punkten und junge Leute halten.

In einem anderen Fall, Branche Verwaltung, läuft der Ausbilder über den Gang, trifft seinen Lehrling, und wie aus dem heiteren Himmel sagt der Lehrling: «Ich breche ab.» Der Ausbilder nimmt sich das sehr zu Herzen, räumt Zeit ein, nimmt ihn zu sich und kocht tatsächlich Tee. Er unterhält sich fast anderthalb Stunden mit seinem jungen Lehrling. Fragt ihn, woran es liegt, wie es ihm geht, was er für Zensuren hat, wie es zuhause läuft und so weiter. Nach anderthalb Stunden ist keine Rede mehr von Abbrechen. Der Lehrling hat sich einfach nicht gut genug zugehörig und im Nest aufgenommen gefühlt. Nach anderthalb Stunden

Gespräch ist das alles wie verflogen und er bringt wunderbar seine Lehre zu Ende.

Wir empfehlen, suchen Sie immer wieder nach Möglichkeiten, Ihren jungen Mitarbeitenden Aufmerksamkeit und Nestwärme zu bieten. Ein Willkommenskärtchen bei Dienstantritt ist sehr nett, reicht aber auf die Dauer nicht aus.

Selbstverwirklichung und soziale Gerechtigkeit

Ein weiterer Wert ist die Selbstverwirklichung. Dieser Wert wird in der schweizerischen Längsschnittstudie COCON[3] bei denselben Probanden zuerst mit 15 Jahren und dann noch einmal mit 21 Jahren anonym erhoben. Man kann also eine Entwicklung innerhalb dieser Lebensphase sehen.

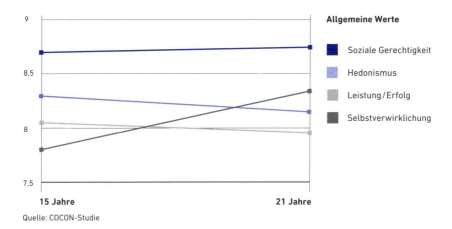

Quelle: COCON-Studie

Allgemeine Werte. Unter dem Begriff «Selbstverwirklichung» werden Antworten zusammengefasst auf Fragen wie: Was macht dir wirklich Spaß? Was möchtest du in deinem Leben machen? Hier sehen wir, dass sich die Kurve verändert. Mit fünfzehn ist Selbstverwirklichung noch nicht so wichtig, aber wenn die Ausbildung beginnt, steigt der Wert sehr stark an. Die Jugendlichen finden heraus, was ihnen wirklich Spaß macht.

---

3   Buchmann et al. (2007), weitere Publikationen aus der Cocon-Studie unter Jacobscenter (2007–2019).

Fallbeispiel 19
Lehrling will abbrechen

Dass ein Lehrling abbrechen will, kommt aufgrund der Wichtigkeit, die der Selbstverwirklichung beigemessen wird, häufiger vor. Das nächste Beispiel beginnt fast wie das vorhergehende und nimmt doch einen ganz anderen Ausgang.

Wieder läuft ein Ausbilder morgens über den Gang. Er trifft seinen Lehrling, und wie aus heiterem Himmel sagt dieser: «Ich breche die Lehre ab.» Der Lehrling ist schon im dritten Jahr, kurz vor der Abschlussprüfung. Der Ausbilder ist Babyboomer und für ihn ist klar: Wenn man schon so weit ist, hält man durch und hat am Ende einen Abschluss. Er nimmt sich den Lernenden zur Seite und spricht mit ihm. Es ist auch mit den Zensuren schwierig, nicht überall reicht es. Er bietet ihm viel Unterstützung an. Fragt, was er braucht. Führt noch weitere Gespräche. Der Lehrling bleibt dabei, er breche ab. Der Ausbilder nimmt sich das sehr zu Herzen und hat das Gefühl, er habe als Ausbilder versagt.

Die Wahrscheinlichkeit ist allerdings sehr groß, dass der Lehrling seinerseits denkt: Was soll ich mit einem Abschluss in einem Beruf, den ich blöd finde? Warum soll ich noch drei, vier, fünf Monate irgendwo bleiben, wo es nicht schön ist?

Ungefähr ein Jahr später trifft der Ausbilder den Lehrling in der Straßenbahn wieder. Der Lehrling fällt ihm fast um den Hals und berichtet ganz freudig: «Ich werde jetzt Landschaftsgärtner, das ist super!» Dem Ausbilder fällt ein riesiger Stein vom Herzen. Zum ersten Mal versteht er, dass der Lehrling in eine andere Richtung wollte. Das hat er getan und es hat funktioniert, er ist glücklich.

Selbstverwirklichung. Was möchte ich wirklich? Wie soll ich durchhalten? Besonders schwierig, wenn ich weiß, dass ich diesen Abschluss sowieso nicht brauche, weil ich ja nie in diesem Bereich arbeiten will. Wenn mir so viele Möglichkeiten offenstehen: Ist es dann heute noch sinnvoll, durchzuhalten, wenn es schwierig ist?

Im Tunnel der Tradition war Durchhalten eine wichtige Tugend. Aber in der Galaxie der Möglichkeiten ist man eher dumm oder entwicklungsverzögert, wenn man irgendwo bleibt, wo es einem nicht gefällt. Hier muss ich meinen Weg finden, und dabei ist die Selbstverwirklichung, das Finden dessen, was mir Spaß macht, ein wichtiges Ziel.

Fallbeispiel 20
Lift in der Berufsfachschule

Ein weiterer Wert, der in der obigen Grafik der Cocon-Studie auffällt, ist die soziale Gerechtigkeit. Mit über 8,5 Punkten auf einer Skala von 1 bis 10 wird er sowohl von den 15-Jährigen als auch mit 21 Jahren auffallend hoch bewertet. Gerechtigkeit ist wichtig. Wenn es nicht gerecht zugeht, wird es schwierig, einen Auftrag umzusetzen. Das folgende Beispiel illustriert das bestens.

Eine Berufsfachschule ist in einem großen Gebäude untergebracht, in dem es noch Geschäfte und andere Büros gibt. Das Gebäude hat zwei Lifte. Immer wenn die Schüler massenweise ankommen, sind die Lifte blockiert und Kunden kommen nicht in die oberen Stockwerke. Nach Konflikten mit dem Einzelhandel verkündet die Schulleitung die Regel, Schüler dürfen nicht mehr mit dem Lift fahren, sondern müssen stattdessen zwei Treppen steigen. Wohlgemerkt, nur die Schüler, die Lehrer dürfen weiter Lift fahren.

Es ist unmöglich, diese Regel durchzusetzen. Die Schüler halten sich schlichtweg nicht daran, weil sie der Meinung sind, das sei ungerecht.

Die Schulleitung versucht, diese Regel hierarchisch durchzusetzen, und fordert die Lehrer dazu auf, sich in den entsprechenden Stoßzeiten unten an die Lifte zu stellen und dafür zu sorgen, dass die Schüler nicht einsteigen.

Babyboomer tun es widerwillig, Generation X sagt, ich bin Lehrerin, ich bin nicht Hilfssheriff oder Polizist. Das ist ihr absolut zuwider, schließlich war sie selbst einmal rebellisch. Sie weigert sich, sich dahinzustellen und das zu beaufsichtigen. Es ist unmöglich, die Regel durchzusetzen.

Wie ist das Problem zu lösen? Es gibt zwei Möglichkeiten: Entweder benutzen alle die Treppe oder alle fahren mit dem Lift. Es wird sehr schwierig, gegen den Wert «soziale Gerechtigkeit» an die Eigenverantwortung zu appellieren. «Seid doch so lieb, nehmt die Treppe, weil es noch andere Kunden im Haus gibt.» Das macht Generation Y nicht.

Sehnsucht nach Anerkennung und hoher Position

Wir sehen, dass bei den Erwartungen an den Arbeitsplatz bei den Generationen Y und Z Sicherheit doch wieder an Attraktivität gewinnt. Der sichere Arbeitsplatz steht ganz oben bei der Jugend, gefolgt von dem Wunsch, Ideen einbringen zu können und einer sinnvollen beziehungsweise nützlichen Tätigkeit nachzugehen.

Life-Work-Balance spielt eine Rolle und dann kommen Werte wie Anerkennung und gute Aufstiegschancen. Nimmt man die dunkelblauen («Ist mir sehr wichtig») und grauen Balken («Ist mir wichtig») zusammen, liegt das Bedürfnis nach Anerkennung und Aufstiegsmöglichkeiten zwischen 85 und 78 Prozent.

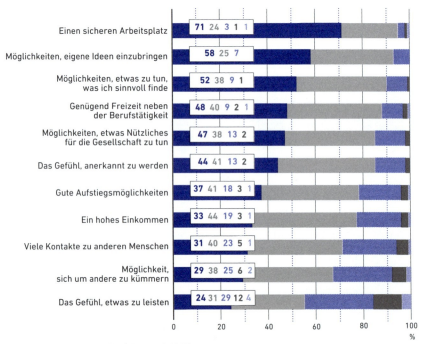

Quelle: Shell-Jugendstudie 2015 (Albert et al. 2015)

Erwartungen an die Berufstätigkeit. Jugendliche im Alter von 12 bis 25 Jahren wurden danach gefragt, was ihnen eine berufliche Tätigkeit bieten sollte, damit sie zufrieden sind.

Fallbeispiel 21
Aufstiegschancen in der Probezeit

Wie sich das in der konkreten Arbeitswelt darstellen kann, zeigt sich in den folgenden Fallbeispielen.

Ein junger diplomierter Pfleger bekommt eine Stelle in der Notaufnahme eines großen Universitätsklinikums. Das sind wirklich sehr große Stationen mit komplexen Patientensituationen. Er ist noch in der Probezeit. Gegen Ende der Probezeit steht er im Büro der Stationsleitung und bittet um ein Gespräch. «Können wir mal über meine Aufstiegsmöglichkeiten hier sprechen?» Der Stationsleiterin, Generation X, entgleist kurz die Miene und sie denkt: Wie kann man diese anmaßende Frage in der Probezeit stellen? Du weißt noch nicht mal, ob du hier angestellt wirst! Sie schafft es aber nicht, sich in dieser Klarheit auszudrücken, sondern sagt: «Hoho, lern du erst mal wirklich diese ganzen Abläufe hier kennen! Wenn du die erste Nachtschicht allein gemacht hast, dann können wir gerne miteinander reden.» Womit sie nicht gerechnet hat: Der junge Mann steht direkt am Morgen nach der ersten Nachtschicht wieder bei ihr im Büro und fragt: «Können wir jetzt mal über meine Aufstiegsmöglichkeiten sprechen?»

Hier wird sehr klar, dass es der Generation X schwerfällt, Rahmen- und Zieldefinitionen sauber zu formulieren. Sie darf nicht sagen: «Wenn du die erste Nachtschicht gemacht hast, reden wir wieder darüber.» Denn das nimmt Generation Y wörtlich. Die große Frage bei Generation Y ist immer: «Wie geht es weiter mit meiner beruflichen Situation?» Nehmen Sie diese Frage ernst und als Zeichen von Motivation und Bereitschaft zu Engagement. Generation Y will in dieser Situation sicher nicht anmaßend erscheinen, sondern leistungsbereit.

Fallbeispiel 22
Junge Frau bei der Feuerwehr

Der Kampf um Anerkennung findet immer noch zwischen den Geschlechtern statt, je nach Branche mehr oder weniger verdeckt.

Eine junge Frau ist mit großer Begeisterung bei der freiwilligen Feuerwehr. Sehr deutlich sieht und erlebt sie, dass ihr Offizier der Meinung ist, dass Frauen nicht in die Feuerwehr gehören. Für sie ist das kein Austrittsgrund, im Gegenteil, sie will ihm und allen anderen zeigen, was sie kann. Bei einer Löschübung geht es darum, eine verletzte Person (Puppe) auf schnellstem Weg aus dem verrauchten Gebäude zu schaffen. Als die Person/Puppe im Gebäude gefunden ist, gibt der Offizier Kommando, wo langgegangen werden soll. Mitten in dieser Übung fragt die junge Frau für alle hörbar: «Warum gehen wir nicht da lang, das ist kürzer ins Freie», «Nein!» kommt vom Offizier: «Wir haben das jetzt so geplant!»

Die junge Frau ist wieder mal wütend und verärgert, «Hallo, wie redest du eigentlich mit mir?» Sie versteht diese Respektlosigkeit nicht. Man kann doch von Mensch zu Mensch reden, egal ob man Offizier ist oder nicht. Aber sie ist auch entschlossen, sie wird wieder sagen, wenn sie einen besseren Weg sieht. Sie versteht nicht, warum der Offizier immer so rechthaberisch reagiert. Für sie geht es um die Sachfrage: Wo ist der kürzeste Weg? Außerdem ist klar, wir von der Feuerwehr sind ein Team, gemeinsam finden wir beste Lösungen. Und in Notsituationen zählt jede Idee, Schnelldenkerinnen mit schnellen guten Ideen sind sowieso gefragt. Aus der Perspektive des Offiziers, eines Babyboomers, mag das ganz anders ausschauen. Er hat sicherlich das Gefühl, dass er als Chef allein die Verantwortung trägt. Er führt, weil er Erfahrung hat, und die Mannschaft befolgt die Befehle. Da kann er keinen Widerspruch dulden. Im Einsatz ist sowieso keine Zeit für Diskussionen und überhaupt sollen die Jüngeren nicht reinschwätzen. Ganz tief im Inneren kommt er wahrscheinlich in einen großen Stress. Da er nicht den Teamgeist spürt, sondern glaubt, als Chef allein verantwortlich zu sein, fühlt er sich angegriffen, in seiner Kompetenz in Frage gestellt, kritisiert, und es kann sogar sein, dass er den anderen Lösungsvorschlag als Gesichtsverlust empfindet.

Es gibt verschiedene Weisen, damit umzugehen. Der Offizier könnte in der Nachbesprechung zu der Übung auf der Sachebene erklären, warum er den anderen Weg gewählt hat. Auch die junge Frau könnte die Initiative ergreifen und im Anschluss an die Übung bitten: «Kannst du mir erklären, warum wir den Weg genommen haben». Wenn viele Emotionen im Spiel sind, könnte auch eine dritte, neutralere Person deeskalierend die gleiche Frage stellen.

Als Lösungsstrategie gibt es für die junge Frau die Möglichkeit, durchzuhalten, die sachlichen Argumente weiterhin anzuführen und auf emotionaler Ebene zu schweigen. Sie könnte sich aber auch Verbündete suchen. So wird das sehr hierarchische, immer wieder frauenfeindliche Verhalten des Offiziers von seinem Vorgesetzten, dem Kommandanten, nicht geschätzt. Man könnte in gemeinsamen Gesprächen versuchen, die Kränkung, den Stress und die Angst vor Gesichtsverlust seitens des Offiziers abzubauen, indem man zeigt, dass Generation Y Lösungsvorschläge nicht als Angriff meint, sondern als gemeinsame Lösungsfindung aus einem starken Teamgeist heraus. Anderseits könnte der Kommandant dem Offizier die Wirkung seiner Handlung spiegeln, von ihm mehr Respekt und Wertschätzung für Frauen in der freiwilligen Feuerwehr einfordern und ihn darüber hinaus bitten, ihre guten Ideen, ihre Verantwortungsübernahme und Vorschläge positiv zu honorieren.

Sonst droht die Situation dauerhaft zu eskalieren und die Frage ist nur noch, wer nervlich den Kürzeren zieht, der Offizier, der sich in Frage gestellt und demaskiert vorkommt, oder die mutige junge Frau, die durchaus Kraft und Freude daraus zieht, sich zu behaupten und mit Sinn für Provokation und Konfrontation jedes Mal die Chance ergreift, wenn ihr ein noch so kleiner Fehler oder eine Nachlässigkeit beim Offizier auffällt. «Dir zeig ich, dass ich was kann. Früher oder später musst du mich anerkennen.»

«Warum gehen wir nicht da lang, das ist der kürzere Weg?»

Lernen in der Wissensgesellschaft

In welcher Situation befinden sich Jugendliche, wenn sie in der Schule oder der Ausbildung lernen sollen? Was bedeutet «lernen» heute? Ein Artikel mit dem Titel «Born To Be Wired» («Geboren, um vernetzt zu sein») bringt es auf den Punkt:

«An einem typischen Tag wählt ein junger Mensch zwischen 200 Fernsehkanälen, 5 500 Zeitschriftentiteln, 10 500 Radiosendern, 30 Millionen Internetseiten und rund 122 000 neu publizierten Büchern aus.»[4]

Gerüstet mit einem Smartphone, WLAN und Übersetzungs-Apps ist man tatsächlich mit so vielen Optionen konfrontiert. Das ist die Galaxie der Möglichkeiten bezogen auf das Lernverhalten.

Generation X und Babyboomer lernen noch im Geiste der Aufklärung. Wie geht man da vor? Erstens, informiere dich umfassend. Danach unterteile rational in Pro- und Contra-Argumente, dann siehst du ja, wie die Entscheidung zu fällen ist. Und dann muss man es eigentlich nur noch machen. Wenn die Generationen Y und Z gegenüber X und Babyboomern kein neues Lernverhalten entwickeln, was passiert? Informiere dich umfassend! Angesichts der Fülle von zur Verfügung stehendem Wissen würden sie nie fertig werden und kämen gar nicht bis zur Handlung. Entscheidungsunfähigkeit ist eine zunehmende Problematik. Wer heute ernsthaft versucht, sich umfassend zu informieren, landet in der Psychiatrie. Generation Y und Z müssen anders sein, weil die Welt sich geändert hat.

Was braucht diese Generation angesichts der Fülle von verfügbarem Wissen? Sie muss schnell und intelligent auswählen können. Nach welchen Kriterien?

Das neue Kriterium heißt schlicht: «Bringt es mir was?» Wenn ja, dann haben wir eine durchaus engagierte, lernwillige Jugend und junge Erwachsene der Generation Y. Wenn nein, zieht sie sich zurück, schaltet ab, geht ins Internet oder schreibt auch schon mal schnell die Einkaufsliste für später. Aber Achtung, diese Generation hat ein hohes inneres Tempo. Wenn sie zu lang das Gefühl hat: «Ich lerne hier nichts!», wird sie ungeduldig, und das kann schon nach wenigen Tagen der Fall sein. Dann kann es passieren, dass sie urplötzlich und ungeahnt eine Kündigung einreichen. «Es bringt mir nichts» heißt auch: «Ich lerne hier nichts, ich vertue

---

4   Harris Interactive (2003).

hier meine Lebenszeit, ich bin in einer Warteschleife gelandet, nix wie weg!» Das folgende Fallbeispiel ist keine Ausnahme, sondern Alltag.

Fallbeispiel 23
«Ich lern hier nix!»

Eine junge Frau, Generation Y, kommt aus prekären familiären Verhältnissen. Schule ist schon immer schwierig gewesen, danach fängt sie verschiedene Ausbildungen an, bricht sie ab und macht zeitweise auch überhaupt nichts. Irgendwann findet sie doch ihre Wunschausbildung: Reisekauffrau. Sie ist glücklich, fühlt sich gut aufgenommen. Nach ungefähr einer Woche oder zehn Tagen Ausbildung sieht man sie morgens um elf zuhause bügeln. «Tina, was machst du denn hier, du musst doch zur Arbeit?», wird sie angesprochen. «Ich breche ab!», kommt prompt die Antwort. Im Gespräch erzählt sie: «Ich vertue da meine Zeit! Die nutzen mich als Lockvogel aus.» Schließlich klärt sich die Situation: Sie ist die ersten Tage da, alles ist wunderbar, sie wird gut angeleitet. Dann gibt es eine Software-Umstellung, das ganze Team ist am Rotieren und es kommt der Augenblick, wo sie als Lernende nicht mehr so gut betreut wird. Das Gefühl von Langeweile stellt sich ein. Am ersten langweiligen Tag sortiert sie aus Eigeninitiative alle Prospekte durch. Am zweiten langweiligen Tag sitzt sie hinter ihrem PC und weiß nicht, was sie tun soll. Am dritten Tag kommt sie ernsthaft auf die Idee: «Die bringen mir nichts bei. Das machen die bewusst! Wo ist eigentlich mein Arbeitsplatz? Ah, der ist ja in der Nähe des Fensters, dass man mich von der Straße aus sieht, ich habe doch so wunderschöne lange Locken, die benutzen mich als Lockvogel, damit Kunden in den Laden kommen.» Diese Fantasie reicht ihr, um zu sagen: «Ich lerne hier nichts, ich werde hier ausgenützt, ich breche ab.» Wir führen dann ein ausführliches Gespräch, jemand anders spricht auch noch mit ihr, und wir können erreichen, dass sie überhaupt zu der Chefin dieses winzigen Reisebüros geht und das Thema anspricht: «Ich habe das Gefühl, ich lerne hier nichts.» Glücklicherweise reagiert die Chefin sehr gut, setzt sich mit ihr hin, baut einen Lernplan auf und zeigt ihr, wann sie was lernt und was sie wie lange üben soll. Alles geht gut aus. Sie schließt die Ausbildung ab und arbeitet erfolgreich und zufrieden im Beruf.

Ausbildungszufriedenheit

Was wünschen sich aber die Jugendlichen selbst in der Ausbildung? Wann sind sie zufrieden und finden, es bringe ihnen etwas? Wir möchten Ihnen eine Studie vorstellen, die das untersucht. Das ist die schweizerische TREE-Studie «Wege in die nachobligatorische Ausbildung». Sie datiert zwar von 2003, ist aber eine sehr fundierte Studie, die nichts an Aktualität eingebüßt hat. Die Studie fragt nach der Ausbildungszufriedenheit. Herausgekommen ist eine Hitliste der Signifikanzen. Messbaren Einfluss auf die Ausbildungszufriedenheit der Generation Y haben in der betrieblichen Ausbildung:

- Vielseitigkeit
- pädagogische Kompetenz
- Handlungsspielraum in der Arbeit
- soziale Unterstützung von Arbeitskollegen
- soziale Unterstützung durch Lehrmeister/Lehrmeisterin

In der schulischen Ausbildung sind es:

- Vielseitigkeit des Unterrichts
- negativer Einfluss von schulischer Belastung
- Unterstützung durch die Klassenlehrkraft
- Handlungsspielraum im Unterricht
- Unterstützung durch Schulkollegen

Der wichtigste und größte Einflussfaktor sowohl für die Zufriedenheit mit der Schule als auch mit der Ausbildung ist die Vielseitigkeit der Arbeit oder des Unterrichts. Das heißt, je vielseitiger die Ausbildung oder Schule gesehen wird, desto zufriedener sind sie damit insgesamt.

Die Vielseitigkeit wird in der TREE-Studie mit zwei Fragen abgefragt: ob die Arbeit oder der Unterricht abwechslungsreich ist und ob die Lernenden der Meinung sind, dass sie viel dazulernen. Wenn Sie mit Lernenden ins Gespräch kommen, können Sie schnell feststellen, dass damit Praxisrelevanz gemeint ist. Sie wollen in der Schule genau das lernen, was konkret in der Praxis wichtig ist. Und sie wollen im Betrieb möglichst ab dem ersten Tag viel selbst ausführen dürfen.

Für die Berufsfachschulen, Fachhochschulen und Universitäten ist das eine Herausforderung. Neben einem abwechslungsreichen Angebot müssen Sie am besten im Zehn-Minuten-Rhythmus zeigen, inwiefern die Lehrinhalte für die Praxis wichtig sind. Unsere dringendste Empfehlung an alle Lehrpersonen ist darum auch, die Praxisrelevanz immer wieder an Beispielen zu verdeutlichen. Was für die Lehrpersonen sonnenklar praxisrelevant ist, erscheint Schülerinnen und Schülern oft abstrakt und theoretisch. Also gerne übertreiben!

Betriebliche Ausbildungsstätten sind gegenüber Schulen und Hochschulen klar im Vorteil. Aber auch sie werden auf den Prüfstand gestellt.

Fallbeispiel 24
«Die anderen dürfen mehr» – Vielseitigkeit der Arbeit

Eine Berufsbildnerin aus einem Akutspital erzählt von einer ihrer Lernenden im 1. Lehrjahr. Diese beschwert sich nach wenigen Wochen: «Ich lerne hier nichts. Was ich machen darf, das weiß ich schon alles. Die anderen aus der Berufsschule dürfen viel mehr. Die dürfen schon Blutzucker und Blutdruck messen.» Die Berufsbildnerin denkt: Langsam, langsam, erst mal kleine Brötchen backen. Und sie sagt: «Erst musst du den Blutkreislauf kennen, bevor du Blutdruck und Blutzucker messen kannst. Das habt ihr in der Schule doch noch gar nicht gehabt.» Die Meinungen gehen hier drastisch auseinander. Babyboomer und Generation X haben aufbauend gelernt. Die Generationen Y und Z sind, wenn sie sich Wissen im Netz aneignen, Gleichzeitigkeit und das Herstellen von Bezügen gewohnt. Für sie hat ein striktes Nacheinander keinen Sinn. Die Lernende findet nicht, dass sie sämtliches theoretisches Hintergrundwissen haben muss, um ein Gerät richtig bedienen zu können und Messwerte einzutragen. Es reicht, wenn man ihr die Handhabung zeigt.

Wir empfehlen, den Jugendlichen früh viel praktisches Arbeiten zuzutrauen. Gleichzeitig können die betrieblichen Lernorte so auch für die Berufsschulen einen fruchtbaren Boden bereiten. Die Wahrscheinlichkeit ist groß, dass, wer schon einmal Blutzucker und Blutdruck messen und die Werte eintragen durfte, sich auch mehr für den Herzkreislauf interessiert. Dieser ist dann plötzlich weniger abstrakt und klar praxisrelevant.

Wer den Jugendlichen wirklich sehr früh echtes praktisches Arbeiten zutraut, punktet. Wie sich das sogar auf die Wahl der Ausbildung auswirken kann, zeigt das folgende Fallbeispiel.

Fallbeispiel 25
Schnuppertag

In einem großen Akutspital wird einmal im Jahr ein Schnuppertag für Schüler organisiert. Sehr aufwändig für das Krankenhaus, aber eine ganz wichtige Werbemaßnahme, um Nachwuchs zu rekrutieren. Kurz nach diesem Schnuppertag gehen auffallend viele Bewerbungen für die Ausbildung in der Dermatologie ein. Dermatologie, da geht es um Erkrankungen der Haut. Offene Ausschläge und unsere hübsche Jugend? Wie passt das zusammen? Bei einer Ortsbegehung stellen wir fest: Bewusst oder unbewusst hat die Dermatologie alles richtig gemacht. Eine besonders warmherzige, sonnige Person hat die Aufgabe, sich an diesem Tag um die jungen Schnupperlehrlinge zu kümmern. Das ist das Nest. Als Werbemaßnahme Gold wert. Diese Person kommt auf die Idee, jedem Einzelnen die Möglichkeit zu geben, auf einen echten Patienten echtes Puder zu streuen! Wenn das nicht praxisrelevant ist! Da lernt man ja schon am Schnuppertag etwas Echtes. Die Kombination aus Nest und Praxis bewirkt offensichtlich, dass die Anzahl der Bewerbungen für die Dermatologie ansteigt.

Einflussfaktor «pädagogische Kompetenz»

Den zweitgrößten Einfluss auf die Ausbildungszufriedenheit hat die pädagogische Kompetenz des Ausbilders oder der Ausbilderin. Schüler und Schülerinnen schätzen diesen Einfluss als etwas weniger wichtig ein als Vielseitigkeit, er bleibt aber signifikant für die Zufriedenheit mit der Schule insgesamt. Unter pädagogischer Kompetenz werden hier vier Themen zusammengefasst:

- das gute Vermitteln von Fachwissen
- sich Zeit nehmen
- Loben und konstruktives Feedback
- in einer guten Beziehung zu den Lernenden stehen

Die beiden letzten Punkte zeigen erneut, dass die Lernenden sich Anerkennung und Nestwärme wünschen. Bei der Vermittlung von Fachwissen wünscht sich Y und Z ein hohes Maß an Effizienz. Und da sehen wir wieder, Generation Y schwimmt in der heutigen schnelllebigen Zeit wie der Fisch im Wasser. Was heißt Effektivität in Bezug auf pädagogische Kompetenz? «Die beste Lehrperson ist die, die mir in der kürzesten Zeit haargenau den Inhalt beibringt, den ich für die Prüfung brauche.»

Fallbeispiel 26

Prüfungsrelevanz

Die erfahrene Pflegekraft fragt: «Kommst du mit, ich kann dir einen ganz tollen, komplexen Fall zeigen, da lernst du was fürs Leben!» Und der Lernende sagt: «Ist es prüfungsrelevant? Wenn nicht, komme ich nicht mit.» Nein, Y und Z machen das, was ihnen in dem Augenblick etwas bringt. Wenn sie zu der Ansicht kommen, es bringt ihnen etwas, dann haben wir im Normalfall hoch engagierte, sehr motivierte Lernende. Wenn sie der Meinung sind: «Es bringt mir nichts!», ziehen sie sich zurück, sagen nein oder warten einfach ab, bis wieder etwas Spannendes kommt. Aber Obacht! Wenn sie zu lange das Gefühl haben: «Ich lerne hier nichts!», werden sie ungeduldig. Dann kann es passieren, dass man als Meister die Kündigung auf den Tisch gelegt bekommt, weil die Leute sagen: «Ich lerne hier nichts, ich vertue hier meine Lebenszeit, ich bin in einer Warteschleife gelandet, das muss ich unterbinden.» Der Gedanke an Kündigung kommt ihnen schneller als Vertretern von Generation X und Babyboomern. Generation X und Babyboomer sind da viel geduldiger.

Es gibt daher Situationen, in denen die Ausbilder manchmal sehr enttäuscht sind und wir ihnen helfen müssen zu sehen: Diese Fokussierung, dieses Zeitmanagement, dieses «Ich kümmere mich jetzt um die Prüfung» ist eigentlich etwas Positives. Sie haben das Gefühl, die Zeit verändert sich so schnell; das, was ich später brauche, hole ich mir auch erst später. Sie haben ja den Mut, dann jeden zu fragen. Sie müssen nicht jetzt fürs Leben lernen. Achtung, Babyboomer! Bitte fassen Sie das nicht als mangelnde Motivation auf. Empfinden Sie dieses Nein bitte nicht als persönliche Kränkung, so ist es ganz sicher nicht gemeint. Dahinter steht ganz im Gegenteil Zielstrebigkeit.

> **Fallbeispiel 27**
>
> **Sich Zeit nehmen**

Pädagogische Kompetenz bedeutet auch, sich Zeit für die Lernenden zu nehmen. Das wird nicht nur von den Lernenden selbst sehr geschätzt, sondern führt auch zu besseren Lernergebnissen.

Ein Küchenchef berichtet von seinem Lehrling, der durchaus motiviert in der Lehre ist, aber einfach das erforderliche Tempo nicht erreicht. Der Küchenchef nimmt sich persönlich Zeit, verrichtet diverse Tätigkeiten mit dem Lehrling zusammen und siehe da: Der Lehrling gewinnt an Routine und erreicht schließlich das Tempo. Es reicht nicht aus, dass der Lehrling den Ablauf kennt, er muss auch noch die Fokussierung auf eine Tätigkeit lernen. Für den Lehrling ist es eine wertschätzende Anerkennung, dass der Küchenchef sich persönlich Zeit für ihn nimmt, und der Leistungserfolg ist es wert.

> **Fallbeispiel 28**
>
> **«Mein Ausbilder hat versagt!»**

Pädagogische Kompetenz bedeutet auch Feedback geben. Einerseits brauchen Y und Z sehr viel Lob, aber auch das konstruktive und vor allem rechtzeitige und wiederholte Feedback wünschen sie sich, um die gesteckten Ziele erreichen zu können.

Eine Jugendliche sitzt neben einer vertrauten älteren Person in der Straßenbahn. Die ältere Person fragt: «Und, wie war die Prüfung?» Sagt die Jugendliche: «Ja, ach, also die erste Hälfte, die war sehr gut.» Dann schildert sie offensichtlich sehr zufrieden den Verlauf der Prüfung. Was wird nun kommen? Und dann sagt sie: «Und die zweite Hälfte», da knickt ihr Körper förmlich ein, sie ringt nach Worten und richtet sich schließlich wieder auf: «Wenn ich die zweite Hälfte verhauen habe, dann hat mein Ausbilder versagt.» So eindeutig ist die Erwartung: Es liegt in der Verantwortung der Lehrpersonen oder Ausbildenden, dass eine Prüfung gelingt. Sie müssen so konstruktives, so rechtzeitiges und so regelmäßiges Feedback geben, dass die angestrebte Note auch ungefähr erreicht wird. Coachende Lernbegleitung wird gewünscht.

Einflussfaktor «Handlungsspielraum»

Handlungsspielraum steht für Schülerinnen und Schüler an dritter Stelle, für Auszubildende hat er immer noch einen signifikanten Einfluss auf die Ausbildungszufriedenheit, steht aber nur noch an fünfter Stelle. Gemeint ist eine gewisse Freiheit, sich Arbeiten selbst einteilen zu können und selbst bestimmen zu können, wie etwas ausgeführt wird. Sie merken deutlich, die Lernenden wollen nicht Befehlsempfänger sein, sondern streben eine aktive Rolle an.

Und Achtung! Wenn Sie ihnen diese aktive Rolle nicht geben, nehmen die Lernenden sie sich selbst. Sie sind keineswegs der Meinung, dass sie dafür alles schon vorher gelernt haben müssten. IT-Anwendungen haben sie sich ja auch durch Learning by Doing und nach dem Trial-and-Error-Prinzip beigebracht. Von der Ausbildung zur Pflegefachkraft wird uns mehr als einmal erzählt, dass Lernende anbieten: «Ach, den Katheter, den kann ich nachher schnell wechseln!» Das Katherwechseln birgt ein hohes Risiko von Infektionen, das muss man wirklich sehr gut können. Es reicht nicht, dass man einmal danebengestanden und zugeschaut hat. Hier müssen wir wiederum sehr auf diese Generation aufpassen, die wenig Angst vor Fehlern hat, die nicht das Gefühl hat, ich darf nur etwas probieren, wenn ich hundert Prozent sicher bin.

Handlungsspielraum bedeutet also, die Jugendlichen möchten in der Ausbildung so schnell wie möglich eine aktive Rolle. Wohin das führen kann, wenn sie die nicht bekommen, werden wir Ihnen gleich an einem Beispiel darlegen.

Fallbeispiel 29
Büro umräumen

Eine kaufmännische Lehre. Die junge Auszubildende ist zweieinhalb Stunden allein. Die Sekretärin und die Chefin der gesamten Abteilung sind abwesend. Sie haben vergessen, der Auszubildenden dezidierte Aufträge für diesen Zeitraum zu geben. Allerdings ist sie aber auch schon im zweiten Lehrjahr, es kann davon ausgegangen werden, dass sie etwas zu tun findet. Die Auszubildende erledigt kurz ein paar Dinge, dann hat sie den Eindruck: «Ich habe nichts mehr zu tun!» und kommt auf die Idee: «Mensch, ich habe doch in der Berufsfachschule von so einem sehr guten

Ordnungssystem für Sekretariate erfahren.» Sie krempelt also die Ärmel hoch und räumt das ganze Büro um. Die Chefin, die bei ihrer Rückkehr das Ergebnis sieht, will sie fristlos kündigen. Fristlose Kündigung wegen Kompetenzüberschreitung und Anrichten eines Chaos! Die Sekretärin, die ja ihre Ausbilderin ist, kämpft um sie wie eine Löwin: «Das Mädchen war doch hoch engagiert! Sie hat ja nicht gewusst, was sie anrichtet.» Sie ist diejenige, die mir das Beispiel erzählt hat. Sie kann zum Glück durchsetzen, dass die junge Frau noch mal eine Probezeit bekommt.

Was es allerdings für die Lernende bedeutet, dass ihre Eigeninitiative und ihr Engagement mit einer erneuten Probezeit sanktioniert werden, das können wir hier nur erahnen. Verstanden und wertgeschätzt fühlt sie sich jedenfalls nicht.

Flexibilität

Große Unterschiede zwischen den Generationen finden wir auch in puncto Flexibilität. Für Generation Y und Z ist die Veränderlichkeit der Welt etwas sehr Normales, da lohnt sich das langfristige Planen kaum. X und Babyboomer dagegen planen gerne Monate im Voraus.

Im Betrieb begegnet uns das zum Beispiel in folgenden Situationen:

Fallbeispiel 30
«Brauchst du mich am Wochenende?»

Krankenhaus, Dreischichtbetrieb. Es ist extrem schwierig, das zu planen, mit allen gesetzlichen Vorgaben und den Freizeitwünschen der einzelnen Mitarbeitenden. Diese Planung kostet eine Stationsleitung sehr viele Stunden. Normalerweise sind die Pläne für drei Monate heilig. Nun haben wir häufig die Situation, dass zum Beispiel am Freitagmittag ein Y-ler anruft und sagt: «Ich weiß, ich weiß, ich bin eingeplant fürs Wochenende, aber hör mal, ich könnte jetzt gerade spontan nach Barcelona fliegen mit meiner Clique, die haben einen billigen Flug gefunden, brauchst du mich wirklich?» Allein diese Frage bringt eine Stationsleitung schon in Rage, wenn sie Generation X oder Babyboomer ist. «Was maßt der sich eigentlich an, dass er mich das fragt? Natürlich brauche ich ihn! Wie kommt der auf die Idee, dass ich mich jetzt zwei Stunden hinsetze und herumtelefoniere! Was hat der eigentlich für eine Einschätzung vom Team? Glaubt er, dass die sich jetzt klaglos am Wochenende die Hacken wundrennen, wenn er einfach ausfällt, Ski fahren geht oder nach Barcelona fliegt!» Und dann kommt noch etwas ganz Persönliches dazu: «Wofür schreibt man heutzutage eigentlich noch Dienstpläne, der Job macht ja eigentlich überhaupt keinen Spaß mehr, wenn ich dann dauernd solche Anrufe bekomme.» Diese ganzen Emotionen kommen auf. Und dann fällt der Anruf relativ knapp aus: «Natürlich brauche ich dich, ich erwarte dich morgen um sieben, Wiedersehen.» Und in der Wut und der Enttäuschung, so hat mir die Stationsleitung erzählt, passiert es, dass sie ihrer Wut Luft macht und rumerzählt: «Der Kevin will schon wieder nach Barcelona fliegen, letzte Woche wollte einer Ski fahren gehen, ich weiß nicht mehr, wie ich planen soll, auf die jungen Leute ist kein Verlass mehr.» Ein wichtiges Etikett, was der Generation Y und Z da an die Stirn geheftet wird. Denn Kevin ist am nächsten Tag fix und fertig umgezogen brav auf der Arbeit. Er wundert sich über die frostige Begrüßung. Natürlich hat es sich rumgesprochen, das ganze Team weiß schon, dass er lieber woanders wäre, dass er kurzfristig aussteigen wollte. Sofort kommt die Frage auf: «Ist ihm das Team überhaupt noch etwas wert?» Ein harter Vorwurf, in einer Branche, in der man so eng zusammenarbeiten muss. Er denkt: «Schade, die frostige Begrüßung hier, da wäre ich doch lieber mit meinen Freunden unterwegs.» Er kommt nicht auf die Idee, dass die Distanz, die Blicke, die schon sagen: «Ich glaube, du bist nicht motiviert», dass all das etwas zu tun hat mit seinem Anruf, mit seiner unverbindlichen Anfrage, den Plan über den Haufen zu werfen.

Dass die jungen Leute nach Ausnahmen fragen, reicht schon, dass viele Angehörige der anderen Generationen der Meinung sind, auf den kann man sich nicht verlassen. Wie spontan Generation Y und Z manchmal ist und wie schwer sie sich mit Planungen tut, sei am folgenden Beispiel verdeutlicht.

Fallbeispiel 31
Schichtplanung und Festival
Wieder ein Krankenhaus, der berühmte Dreischichtbetrieb, doch diesmal ist die Führung wachsam. Bevor sie den Plan macht, spricht sie ihre junge Mitarbeiterin an: «Du weißt doch, in zwei Monaten ist dieses große Festi-

val hier bei uns in der Stadt. Da gehen doch eigentlich alle jungen Leute hin. Möchtest du auch da hin? Dann würde ich dich von Vornherein an diesem Wochenende nicht einplanen.» – «Nein, nein», sagt die junge Frau, «nein, ich bin nicht so eine, ich gehe da nicht hin.» Die Führung ist froh darum, dass sie das Wochenende irgendwie belegt bekommt, und plant sie dafür ein. Eine Woche vorher zweifelt sie und geht noch mal auf sie zu: «Sag mal, gehst du nicht zu dem Festival? Ich habe gesehen, du bist eingeplant.» – «Ach, nein, ich weiß nicht. Nein, nein. Ich glaube, ich gehe nicht.» Drei Tage vor Beginn des Festivals steht die junge Frau im Büro ihrer Leitung und sagt: «Darf ich bitte freibekommen? Ich möchte unbedingt auf das Festival gehen.» Was ist im Hintergrund passiert? Ihre Clique ist unentschlossen. Vor zwei Monaten ist die Clique noch der Ansicht gewesen, das Festival sei uncool. Eine Woche vorher, das haben wir schon herausgehört, ist sie minimal unentschieden mit Tendenz zum Nein. Und drei Tage vorher hat die Clique entschieden: Wir gehen hin. Und damit ist klar: Die junge Frau braucht frei.

Nun ist es sehr unterschiedlich, wie Generation X und Babyboomer da reagieren. Die einen sagen: «Man muss sie reinlaufen lassen, das muss sie lernen. Wer es nicht geplant bekommt, der hat halt Pech gehabt. Sie muss arbeiten.» Und es gibt Leute, die haben ein tieferes Verständnis für genau dieses flexible Umfeld, und die sagen: «Ich schaue mal, was ich tun kann.» Planung ist für die jungen Leute kein einfaches Thema. So erleben die Betriebe einen hohen Anspruch an Spontaneität und Flexibilität, den sie oft nicht erfüllen können.

Generationen X und Babyboomer lösen fast alles über eine recht starre Planung. Und wenn sie Angst haben, Plan A könnte nicht funktionieren, dann machen sie zur Sicherheit Plan B. Zugegebenermaßen ein hoher bürokratischer Aufwand. Generation Y und Z gehen damit zum Teil ganz anders um und wünschen sich mehr spontane Flexibilität.

Fallbeispiel 32

Transport eines Gesellenstücks

Wir befinden uns in einer kleinen Schreinerei. Der Lehrling hat ein wunderschönes Gesellenstück gemacht. In der Stadt ist es üblich, dass immer eine Bank ihr Foyer für die Ausstellung der Gesellenstücke zur Verfügung

Flexibilität

stellt. Vierzehn Tage lang darf man sie dort besichtigen. Natürlich kommen immer die Schreinerbetriebe und schauen: Na, was machen denn die anderen in diesem Jahr? Freitagnachmittag um 17 Uhr ist die Ausstellung zu Ende und die Gesellenstücke müssen vor Schließung des Bankgebäudes abgeholt werden.

Der Geselle lernt in einem sehr kleinen Betrieb, der nur einen für diesen Transport geeigneten Geschäftswagen hat. Der Geselle selbst besitzt kein Auto. Der Meister wird schon vierzehn Tage vorher nervös und denkt: Jetzt müsste eigentlich der Geselle mal auf mich zukommen und das Auto reservieren.

Sie spüren schon: Der Meister ist Generation X und setzt deutlich auf Eigenverantwortung und Planung. Nichts geschieht. Am Mittwoch vor besagtem Freitag hält es der Meister nicht mehr aus und denkt: Ich muss ihm doch helfen, ich muss ihn ansprechen. Am Mittwoch spricht er seinen Lernenden an und sagt: «Und? Hast du schon geplant, wie du dein Gesellenstück abholst? Das ist ja dann dein Eigentum, das nimmst du mit nach Hause.» – «Ach», sagt der angehende Geselle, «nein, darüber habe ich mir noch keine Gedanken gemacht.» Der Meister schweigt. Und dann denkt er – typisch Generation X –, es ist eigentlich nicht meine Sache und hält sich heraus. Er bleibt aber nervös. Am Freitag fährt der Geselle mit dem Fahrrad zu besagtem Bankgebäude. Der Meister sieht das und wundert sich: Was wird wohl mit dem Gesellenstück passieren? Am Montag fragt er ihn: «Und? Wie hast du dein Gesellenstück nach Hause gebracht?» – «Och», sagt der angehende Geselle, «ich habe da auf der Ausstellung einen anderen Schreinergesellen kennengelernt, der war mit dem Firmenwagen von seiner Firma da. Wir haben uns gut verstanden und der hat mich und mein Gesellenstück nach Hause gefahren.» Der Meister fragt ihn noch: «Ja, und wenn du jetzt da keinen getroffen hättest, der Zeit gehabt hätte, dich herumzukutschieren?» Sagt der angehende Geselle: «Ach, ich glaube, ich hätte einen Kasten Bier gekauft, alle meine Kumpels angerufen und dann hätten wir einfach Freitagnachmittag von mir aus bis in die Nacht dafür gebraucht, dass wir mitsamt dem Kasten Bier mein Gesellenstück zu Fuß nach Hause tragen. Das hätte eine Party gegeben!» Und der Meister denkt: Mensch, eigentlich müsste ich mich mal entspannen. Diese ganze Planerei! Die jungen Leute, die finden mit anderen zusammen einfach spontan Lösungen, die brauchen gar keine Pläne mehr.

Fallbeispiel 33
Pünktlichkeit

Auch Pünktlichkeit erleben wir immer wieder als großes Konfliktfeld. Für Babyboomer und Generation X ist Pünktlichkeit eine hohe Tugend. «Pünktlich ist fünf vor!» Mit Unpünktlichkeit verbinden sie schnell Respektlosigkeit und mangelnde Motivation. Generation Y und Z sehen das meistens deutlich flexibler. Sie finden mehrheitlich, auf fünf Minuten kommt es nicht an, und für sie ist es eine Tugend, immerhin Bescheid zu geben, wenn man deutlich später kommt. Sie tun das am liebsten per WhatsApp.

Eine junge Lernende im IT-Bereich kommt regelmäßig morgens zu spät, so berichtet ihre Vorgesetzte, eine Babyboomerin. Auf unsere Nachfrage, was regelmäßig heißt, ist die Antwort, so ca. einmal in 14 Tagen, und zwar oft um ca. 30 Minuten. Sie merken schon, wie die Meinungen auseinandergehen, denn für Generation Y ist das sicherlich nicht regelmäßig. Ihre Ausreden seien, sagt indes die Babyboomerin, immer anders: Mal habe sie den Zug verpasst, mal verschlafen, mal den Wecker zu stellen vergessen. Trotz wiederholter Gespräche häufen sich die Verspätungen.

Die Chefin fühlt sich von der Mitarbeiterin nicht respektiert. Sie versteht nicht, dass es trotz klärender Gespräche immer wieder vorkommt. Das nimmt sie persönlich. Sie zweifelt an Motivation und Leistungsbereitschaft der Mitarbeitenden und findet, dass ihr Verantwortungsgefühl und Teamgeist fehlen. Auch andere aus dem Team, hauptsächlich Generation X und Babyboomer, sind von der Situation genervt. Sie müssen schließlich die Arbeit der jungen Mitarbeiterin morgens am Helpdesk übernehmen.

Und die Lernende findet: «So what? Um 8 Uhr kommen eh kaum Anrufe, und wenn doch, ist ja das Team da, um sie entgegenzunehmen. Der echte Run kommt frühestens um 9 Uhr. Bis dahin habe ich es bisher immer geschafft. Und wenn ich da bin, arbeite ich gut», was ihr die Chefin auch bestätigt, weil sie ein gutes Kundenverständnis hat und schnell begreift, wo technisch das Problem ist. Die Lernende hat das Gefühl, eine der besten Kräfte zu sein. Außerdem macht es ihr nichts aus, die halbe Stunde, die sie zu spät kommt, regelmäßig dranzuhängen.

Nachdem wir das Fallbeispiel in einem Workshop gemeinsam mit der Methode Perspektivwechsel (siehe nächstes Kapitel) analysiert haben, schlagen die Teilnehmenden folgende sehr unterschiedliche Lösungswege vor:

- Die Ausbilderin macht die Wichtigkeit klar und sagt: «Ich leite dir ab 8 Uhr die Helpdesk-Anrufe aufs Smartphone um, wenn du weiterhin so oft erst um 8 Uhr 30 kommst.»
- Die Ausbilderin geht auf den Biorhythmus der Lernenden ein: «Wenn dir wirklich das frühe Aufstehen so schwerfällt, plane ich dich sooft es geht nachmittags oder abends ein. Wenn ich morgens jemanden brauche, dann stehst du dafür pünktlich parat.»

Eine Teilnehmerin meldet sich und sagt, dass sie in einer ganz ähnlichen Situation genauso und mit Erfolg vorgegangen ist.

Vorschlag Babyboomer und Generation X:

- Die Ausbilderin zeigt der Lernenden die Folgen ihres Zuspätkommens auf und erklärt: Du verbaust dir deine Karriere, weil du ein schlechtes Image bekommst. Das ist ein Stolperstein für dich. Du verlierst die Anerkennung im Team. Die fühlen sich im Stich gelassen, wenn sie morgens die Arbeit für dich mitmachen müssen.

Sie sehen, es gibt verschiedene Lösungen für den Umgang mit dem immer wieder auftauchenden Konfliktthema «Pünktlichkeit».

Schlussfolgerung

Wie wir im letzten Abschnitt gesehen haben, halten die verschiedenen Generationen in der gleichen Situation Unterschiedliches für normal. Im ersten Moment glaubt jede Seite, es seien immer die anderen, die sich unverständlich oder unangemessen verhalten. Solange jede Generation auf ihrer Wertvorstellung beharrt, gibt es eine Menge Konfliktstoff. Wenn wir uns jedoch ein Verständnis für die anderen Generationen erarbeiten, ergänzen sich die Altersgruppen auf wertvolle Weise.

Deshalb werden wir im Folgenden praxisbezogen Einblick in unsere Arbeitsweise bei Workshops und Weiterbildungen geben. Welche Strategien der Problemanalyse und der Kommunikation bieten sich an, um fruchtbare Synergien zwischen den Generationen zu schaffen?

Wie Sie Ihre Generationenkompetenz verbessern

IV

Wie lässt sich in einem Seminar ein Maximum an Generationenkompetenz vermitteln? Schon im Schulungsraum müssen die Lösungen zu aktuellen Problemstellungen vorbereitet werden, die die Teilnehmer und Teilnehmerinnen ganz direkt betreffen. Daher arbeiten wir gerne an Themen aus der Teilnehmerrunde. Zwei Methoden haben sich bei der systematischen Lösung typischer Teamkonflikte besonders bewährt: der «Perspektivwechsel» und die «lösungsfokussierte Methode».

Perspektivwechsel

Der Perspektivwechsel beginnt mit einer simplen Tabelle, die man stur Spalte um Spalte abarbeitet. Niemals springen! In der ersten Spalte geht es darum, neutral und ohne jeden Vorwurf die konkrete Situation zu schildern. In der zweiten Spalte kommt die Frage: Welche Generationen sind denn beteiligt? Lassen Sie mich das Verfahren anhand eines Fallbeispiels erörtern, das ich mit 180 Leuten im Hörsaal bearbeitet habe.

Fallbeispiel 34
Musik hören auf der Station

Ein Klinikum, Abteilung Innere Medizin. Im Pflegeteam entflammt Streit: Generation Y will im Stationsbüro Musik hören. Das hallt hinaus auf den Gang und gegebenenfalls auch in die Patientenzimmer. Daran stören sich die Babyboomer. Der Konflikt bricht immer wieder aus.

In der Problemanalyse zeichnen wir zunächst die unterschiedlichen Perspektiven auf. Dazu wird in der ersten Spalte einer Tabelle die konkrete Situation notiert. Im vorliegenden Beispiel geht es um die Frage, ob auf der Krankenhausstation Musik gehört werden darf. Dann lautet die Frage, welche Altersgruppe beteiligt ist. Generation Y und Babyboomer – zweite und dritte Spalte. In der vierten Spalte werden Lösungswege erarbeitet.

Wenn Sie das System anwenden, empfehle ich immer: Beginnen Sie mit der Gruppe, die Ihnen selbst oder dem Team am nächsten ist. In diesen Fall fangen wir mit den Babyboomern an. Die Leitfrage ist: Was ist in dieser konkreten Situation für Babyboomer nach allem, was wir heute gehört haben, normal und selbstverständlich? Welche Gefühle treten typischerweise auf?

Methode Perspektivwechsel

Konkrete Situation	Beteiligte Generation X	Beteiligte Generation Y	Guter Umgang
S. weiß ... Die anderen dürfen mehr	• Pubertät: Die anderen dürfen gar nicht mehr übertreiben • Betriebliche Vorschriften anders • Betriebe halten Vorgaben nicht ein • Ist sie im richtigen Job? • Vielleicht sind Gleichaltrige theoretisch besser: – dürfen mehr • Angst, etwas zu verpassen: schlechte Ausbildung? • braucht Aufmerksamkeit, individuelle Begleitung • sie fühlt sich unterfordert • sie fühlt sich im Zugzwang gegenüber Gleichaltrigen • Frust: sie sieht nicht, was ich ihr beigebracht habe	• will mitreden • besser sein als Kolleginnen • Grundbedürfnis: dazugehören – Kollegen, Team • selbst machen – zum Zeigen – aktive Rolle • Wird es mir nicht zugetraut? • Warum erst Theorie, wenn die Praxis auch ohne geht?	• Standpunkt Lernende • Sachliche Gründe nennen • Blutdruck messen lassen + direkt mit Theorie verbinden – erarbeiten lassen • Belohnungssystem – gut erklären – selbst, dann darfst du • Verständnis, Wertschätzung – Plan • Aufschreiben lassen: Was dürfen andere, was sie

Mit der Methode Perspektivwechsel wird der Fall systematisch analysiert. Siehe Fallbeispiel 24, S. 97.

Dann geht es los: Wir schreiben, und alle anderen reden, so schnell sie können.

Die Babyboomer sagen: «Innere Medizin, hier sind hochbetagte, zum Teil sterbende Menschen, da können wir doch nicht Party machen. Da können wir ja hier nicht irgendwie Musik dudeln lassen!» Respekt vor dem Patienten. Dann auch: «Was ist das für ein Bild? Bei uns läuft Musik, da denken doch alle, wir arbeiten nicht. Wir müssen auch unser Image nach außen wahren!» Sie trauen sich kaum noch ins Büro, denn das gehört ja schon fast der Jugend mit ihrem Partygeist. Irgendwann kommt plötzlich das Thema «Ja, und ich kann mich auch gar nicht so gut konzentrieren, wenn immer im Hintergrund diese Geräuschkulisse ist.» Wir merken, nicht alle wichtigen Themen kommen in den ersten drei Minuten! Dazu kommt das Gefühl: «Ich werde hier nicht respektiert, mich nimmt keiner ernst, weil, wenn ich sage, dass mir die Musik zu laut ist, geht es keine drei Stunden und sie ist wieder an.» Man muss hier also auch die Gefühlsebene berücksichtigen. Beim Perspektivwechsel geht es darum, einmal alles aus den Babyboomern herauszuschütteln und sich dann in die andere Generation hineinzuversetzen.

Nun ist also die nächste Leitfrage, was ist für Generation Y normal? Die Y-ler unter den Teilnehmern sagen: «Schaut doch mal, ein bisschen Respekt vor den Patienten. Mensch, die sind vielleicht am Sterben, sie sind hochbetagt, denen müssen wir doch das Leben ein bisschen verschönern. Da muss doch in bisschen Musik sein. Wir können doch hier nicht in Grabesstille über die Gänge schleichen, da haben die ja das Gefühl, sie sind schon tot. Wie soll da einer gesund werden?» – «Ja, ach, und, ich bin es eigentlich total gewohnt, ich habe früher mit Musik gelernt, bei mir zuhause läuft immer Musik, manchmal merke ich das gar nicht, ich stelle das Radio einfach morgens an», sagt Generation Y. Was die Babyboomer als Respektlosigkeit empfinden, merkt Generation Y unter Umständen gar nicht, nämlich dass sie am Schalter gedreht hat und das Radio wieder läuft. Interessant für uns ist hier, dass beide streitenden Parteien denselben Wert haben: Patientenorientierung.

Wenn wir Y durchdekliniert haben, kommt die letzte Spalte: Was gibt es für gute Lösungswege?

Es sind immer mehrere. Aus dem Plenum kommen die besten Vorschläge, plötzlich fällt die Lösung sehr leicht. Warum eigentlich nicht Musik, wenn es für die Patienten ist? Die Babyboomer sagen: «Dann nicht Hip-Hop oder Techno, lieber alte Schlager!» Und plötzlich brechen die Y-ler in schallendes Gelächter aus, denn für Retro haben sie durchaus etwas übrig. Sie tun sich mit den Babyboomern zusammen und recherchieren, was denn die Schlager sind, die wirklich Hochbetagte lustig finden? Wo sie wieder ein gutes Lebensgefühl bekommen und vielleicht tatsächlich besser gesund werden? Wir können plötzlich auch besprechen, dass es uns spätestens ab 50 rein vom Gehör her zusehends schwerfällt, aus einer

Gesamtgeräuschkulisse das Wichtige herauszufiltern, der so genannte Cocktailparty-Effekt. Am Ende ist die Lösung sehr einfach: «Während der Teambesprechung schalten wir das Radio aus, in Situationen, in denen dokumentiert wird, schalten wir das Radio aus und danach gerne wieder an!» Es ist jetzt natürlich nicht mehr das Radio, sondern eine eigens zusammengestellte Playlist, die gespielt wird. Es ist unglaublich. Die ganze Konfliktdynamik ist weg, und es kommt eine große Freude auf. Die Methode Perspektivwechsel hat gegriffen!

Lösungsfokussierte Methode

Ein zweiter Ansatz, mit dem wir sehr gerne arbeiten, ist die von Kirsten Dirolf weiterentwickelte[1] lösungsfokussierte Methode. Sie eignet sich insbesondere für die Bearbeitung größerer Themenfelder. Verhandelt werden übergeordnete Themen wie «Ich möchte mehr Respekt von der Jugend erfahren» oder «Ich möchte es schaffen, als Ausbilder klarere Ziele zu setzen», keine konkreten Probleme wie «Nachmittags um drei nerven die mich mit dem Radio».

Das Interessante an dieser Methode ist, dass zwar ein allgemeineres Thema bearbeitet wird, der erste Schritt jedoch darin besteht, ein konkretes Ziel zu formulieren: «Was will ich konkret erreichen?» Das ist auch der schwierigste Schritt. Er hilft den Teilnehmenden, von einem so allgemeinen Gefühl wie zum Beispiel «Ich fühle mich nicht respektvoll behandelt» zu einem konkreten Wunsch zu gelangen. Das ist manchmal schwierig und braucht eine gewisse Zeit. Danach heißt es nicht mehr allgemein «Ich möchte respektvoll behandelt werden», sondern das konkrete Ziel ist vielleicht «Ich möchte, dass meine Arbeitsaufträge ausgeführt werden».

Als Nächstes folgt die Selbsteinschätzung. Auf einer Skala von null bis zehn (null wäre «Katastrophe», zehn wäre «sehr gut») wird eingetragen, wo ich mich persönlich in Bezug auf mein Ziel sehe, dass meine Arbeitsaufträge ausgeführt werden. Wenn man Gruppenarbeit macht, kann der eine auf der Acht stehen, der andere auf der Zwei und man kann wunderbar weiterarbeiten, denn es geht nicht darum, wer besser ist. Es geht nur um die Selbstverortung. Wo stehe ich? Selbst wenn die Leute sagen: «Das

---

[1] www.solutionsacademy.de.

ist gerade das schwierigste Thema in meiner beruflichen Situation», sehen sie sich bei der Selbsteinschätzung auf der Skala fast nie auf der Null, sondern zumeist mindestens auf der Eins oder der Zwei. Dann geht es sehr ressourcenorientiert weiter: «Was funktioniert denn schon gut? Was hat sich bewährt? Oder wenn jemand sehr schwarz sieht: Wann ist das Problem weniger schlimm?» Dahinter steckt die Annahme, dass nie alles falsch läuft. Oft kann man große Fortschritte erzielen, wenn man das, was gut läuft, einfach häufiger macht. Bewusster macht. Darum ist es so wichtig, sich zu vergegenwärtigen, was bereits gut läuft.

Es gibt noch eine Gefahr: Wenn man optimieren will, vergisst man manchmal das, was schon gut läuft, und wirft es aus Versehen über Bord vor lauter Konzentration auf eine neue, bessere Umgangsweise. Behalten Sie das, was schon gut läuft, unbedingt bei!

Dann erst kommt die Ideensammlung, das Brainstorming. Dieser Schritt muss so spät kommen, da wir uns sonst damit überfordern. Erst wenn wir unsere Position auf der Skala definiert, unser Ziel formuliert und das benannt haben, was bereits funktioniert, fragen wir: «Was können wir noch tun, damit wir in Bezug auf unser Ziel ein bis zwei Schrittchen vorankommen?»

Das ist das Schöne an der Methode. Politik der kleinen Schritte. Niemand soll von der Zwei auf die Zehn springen. Das wäre eine komplette Überforderung. Wenn wir ein bis zwei Schrittchen vorankommen, kann das schon sehr gut sein. Ein bis zwei Schrittchen.

Im Brainstorming ist dann alles erlaubt: wilde Ideen, verrückte Ideen, zu teure Ideen und irgendwo dazwischen werden zwei, drei gute sein. Ganz wichtig ist der letzte Schritt: Zurücktreten, das Ganze noch mal gemeinsam auf Flipcharts anschauen und entscheiden, welche die ein bis maximal drei besten Verhaltensweisen sind, die man jetzt verfolgen wird. Perlentauchen nennen wir das.

Nur diese drei Verhaltensweisen nimmt man mit in den Berufsalltag.

Gesprächsführung

Ein ganz zentrales Thema bei Konfliktsituationen ist die Gesprächsführung. Wie kann ich in einer schwierigen Situation gut kommunizieren? Da lohnt es sich, nochmals einen Schritt in die Theorie zurückzugehen. Was sagt Schulz von Thun? Wir haben eigentlich vier Ohren und vier Schnäbel. Wir hören mit dem Ohr der Selbstdarstellung: Was sagt der andere über sich? Wir hören mit dem Sachohr. Das ist eigentlich das Ideal. Selbstverständlich haben wir auch das Beziehungsohr. Wie ist es denn zwischen uns beiden, wenn du mir jetzt hier einen Fehler korrigierst? Und wir haben das Appellohr, das einem sofort das Gefühl gibt: «Oh, der andere sagt was, ich muss aufspringen und etwas tun.» Jede Aussage, ob nun gesendet oder empfangen, hat diese vier Aspekte. Durch Studien ist bekannt, dass wir unter Stress so gut wie immer entweder nur das Beziehungs- oder das Appellohr nutzen. Wir nehmen den anderen nicht mehr vollständig wahr. Alles, was unser Gegenüber über sich selbst mitteilt, sehen wir nicht mehr, und schon gar nicht die Sachebene.

Wovon gehe ich aus, wenn ich spreche? Ich nehme an, mein Gegenüber hört die Sachinformation. Unter Stress ist das Sachohr im Normalfall aber zu, und die Menschen nutzen entweder das Beziehungs- oder das Appellohr. Das müssen wir als Basis annehmen. Daraus können wir aber auch ableiten, was zu tun ist, um ein Gespräch gut zu führen.

Im Gespräch habe ich zwei Hauptaufgaben. Bevor ich irgendeine Sachinformationen gebe, muss ich dem anderen das Gefühl der Sicherheit geben. Und immer, wenn ich im Gesprächsverlauf merke, dass er oder sie wieder in Stress gerät, gilt erneut: Sicherheit vermitteln. Erst dann öffnet sich irgendwann das Sachohr. Erst dann kann ich mit meiner Sachinformation kommen. Und damit sind wir bei der zweiten Hauptaufgabe: Aufmerksamkeit auf den Gesprächsverlauf, wachsam bleiben, ob mein Gegenüber sich wohlfühlt. Dabei muss ich die ganze Zeit aufmerksam bleiben, vielleicht denke ich: Ja wunderbar, am Anfang stelle ich mal schön Sicherheit her, frage «Wie geht's dir? Alles kein Problem, du kannst offen mit mir sein», wie auch immer, und dann fange ich an mit meiner Sachinformation, und schon gerät die andere Person wieder in Stress und kann wieder nicht mehr zuhören. Wenn das passiert, muss ich es merken!

Das heißt, meine zweite Hauptaufgabe besteht darin, sehr aufmerksam zu bleiben, ob hier wieder ein Sicherheitsbedürfnis entsteht. In dem Fall sofort Sachinformation beiseite, wieder auf die Beziehungsebene gehen, Sicherheit herstellen. Das sind die zwei wichtigsten Aufgaben in der Gesprächsführung. Damit mir das besser gelingt, muss ich das Gespräch vorbereiten. Dafür haben wir eine wunderbare verkürzte Formel, die man noch nachts um drei auswendig wissen sollte. Gesprächsführung ist immer eine Rechenaufgabe:

Ich + der andere = Beziehung

Das oberste Ziel in der Gesprächsführung ist, dass wir am Schluss gut auseinandergehen. Nur dann besteht die Chance auf ein zweites Gespräch. Angenommen, im ersten Gespräch kann ich meine Ziele nicht durchsetzen. Solange wir am Schluss eine gute Beziehung haben, habe ich die Chance auf ein zweites Gespräch! Mir wird dann noch zugehört! Wenn ich Führung bin, kann ich immer ein zweites Gespräch verlangen, aber wenn die andere Seite blockiert, habe ich verloren.

Das ist unsere Weltformel der Kommunikation: Ich plus der andere gleich Beziehung. Wir müssen nach dem Gespräch noch auf einem Bänkchen sitzen können.

Was heißt das für die Vorbereitung? Zuerst gilt es, unter «Ich» alles zu sammeln, was ich mir von dem Gespräch erhoffe und was ich mit einbringe. Was genau will ich denn in diesem Gespräch? Was sind meine Ziele? Was sind meine Erwartungen? Was aber auch meine Emotionen? Sehr häufig wird versäumt, das ganz klar festzustellen. Die Leute gehen in Gespräche und sagen: «Ich will mal schauen, was der andere sagt.» Das ist zu diffus. Die eigene Klarheit ist eine ganz wichtige Grundbedingung.

Gute Gesprächsführung ist eine Rechenaufgabe. Ich + der andere = Beziehung.

Unter dem Wort «Ich» geht es nicht nur um meine Ziele, es geht auch darum, sich die eigenen Gefühle zu der Person und zu der Situation bewusst zu machen.

Dann wird die Seite des anderen ausgefüllt. Was will denn der andere? Was hat er eventuell für Ziele in der Situation, die ich besprechen möchte? Was hat er für Emotionen, für sich selbst und mir gegenüber, hat er Angst, findet er mich lächerlich, übertrieben? Oft habe ich schon hinreichend Informationen, dass ich ein paar Vermutungen anstellen kann. Gut, habe ich meine Hausaufgaben gemacht und kann ins Gespräch gehen. Wo muss ich auf die andere Person eingehen, wo kann ich bei meinen Zielen bleiben? Das oberste Ziel ist und bleibt jedoch die Beziehung.

Was hat all das noch mit dem Generationenthema zu tun? Wenn ich überlege, wie es denn dem anderen geht, dann lohnt es sich, noch mal bewusst zu schauen, zu welcher Generation er oder sie denn gehört. Daraus kann ich einiges schließen. Generation X wünscht sich vielleicht viel mehr Eigenverantwortung, und eventuell nervt es sie, dass sie schon wieder ein Gespräch bei der Chefin hat. Bei Babyboomern kommt vielleicht im ersten Moment ganz viel Schweigen. Und dann Verteidigung, wenn es um eine Kritik geht: «Nein, war ich gar nicht, habe ich nicht gemacht, die und jene hätten sollen.» Bei Generation Y und Z muss ich damit rechnen, dass ich nach dem ersten Halbsatz unterbrochen werde und die andere Seite ihre Situation schildert. Wenn ich das alles schon antizipiere, kann ich sehr viel ruhiger ins Gespräch gehen. Selbstverständlich muss ich hier stark auch aufs Individuum eingehen. Aber bitte auch mal auf den Generationenanteil achten!

Neinsagen

Immer wieder erleben wir, dass das Neinsagen sowohl Führungen wie Ausbildern schwerfällt. Das ist natürlich sehr schön, weil alle möglichst nett sein wollen. Es gibt aber Situationen, in denen man Nein sagen muss! Je schwerer Ihnen das Nein fällt, desto unklarer kommt es raus. Vor lauter Anstrengung kann es sogar ruppig rüberkommen. Beides ist nicht ideal, und die Menschen fühlen sich damit nicht wohl. Darum üben wir manchmal speziell das wertschätzende Neinsagen. Auch da geben wir eine ganz kurze Formel an die Hand. Wie ist die Situation? Jemand kommt, hat einen Wunsch und ich kann den nun mal nicht erfüllen. Ich muss Nein sagen.

Erste Aufgabe, ganz banal: Zuhören. Das ist immer die erste Wertschätzung. Und zuhören heißt mit dem Körper zuhören. Nehmen Sie sich die Sekunde, wenden Sie sich körperlich zu, nehmen Sie Blickkontakt auf, und schon denkt der andere, ich höre ihm zu. Dann tatsächlich den Inhalten zuhören! Verständnis zeigen. «Ich verstehe, dass du das willst.» Es darf keine Floskel sein, das spüren die Leute sofort. Die Floskel reicht nicht. Ich muss kurz in mich gehen, warum verstehe ich das Anliegen der anderen Seite? Danach muss ich mein Nein klar ausdrücken. Sehr interessant, wie schwer das vielen Menschen fällt. Die Aufgabe ist, das Nein klar zu formulieren und dann zu begründen. Das Beste ist immer, wenn man Sachzwänge findet, objektive Gründe, warum man Nein sagen muss. Und jetzt kommt der springende Punkt: Ich muss verstehen, dass jedes Nein so ist, als würde ich dem anderen die Tür vor der Nase zuknallen. Es ist auf der Beziehungsebene immer eine kleine Kränkung. Und die muss ich wiedergutmachen, ich muss die Tür wieder öffnen.

Darum ist der letzte Punkt: «Und das kann ich dir anbieten.» Es kann sein, dass dieses «Und das kann ich dir anbieten» gar nicht zu dem Thema gehört. Dass ich etwas völlig anderes anbiete. «Ich biete dir an, dass du jederzeit zu mir kommen kannst und fragst, ob es jetzt möglich ist.» Oder etwas ganz was anderes. «Ich biete dir an, dass du» – keine Ahnung – «ein bisschen häufiger deine Lieblingsthemen bearbeiten kannst», oder man kann das einfach auch offenlassen und sagen: «Kann ich sonst irgendwas für dich tun?» Ja? «Kann ich dich in irgendwas anderem unterstützen, wenn ich dir hier schon Nein sagen muss?» Es geht nur um die Geste, dass ich die Tür noch einmal aufmache und signalisiere, dass wir hier noch in Beziehung sind. Ich habe das Nein nicht so gemeint, dass du einfach draußen stehst. Da geht es um eine Nuance. So schafft man es, wertschätzend Nein zu sagen. Alle Generationen brauchen das, es ist etwas tief Menschliches.

Bei Babyboomern ist das besonders wichtig, weil die Babyboomer zur ältesten Generation gehören und wir leider in einer altersfeindlichen Kultur leben. Die Ältesten brauchen mehr Wertschätzung.

Rollenspiel

Die Methode Rollenspiel ist sehr gut dazu geeignet, um Gesprächsführung zu üben. Wirklich zu üben. Im Rollenspiel kommt ganz viel zusammen. Zuerst lassen wir die Teilnehmenden selbst wählen, wen sie spielen möchten. Angenommen, eine Teilnehmerin schildert uns eine Situation, die für sie sehr schwierig ist. Vielleicht möchte sie gar nicht selbst darin spielen? Dann darf sie aus der Gruppe jemand anders auswählen. Und natürlich, wen wählt sie aus? Die, die sie über den Tag schon als besonders stark und gut in Kommunikation empfunden hat. Selbstverständlich dürfen die Erwählten ablehnen, wenn sie nicht möchten. Meistens fassen sie die Wahl als Kompliment auf und machen gerne mit. Dann hat die Teilnehmerin die Möglichkeit, anhand eines Vorbildes zu sehen, was man hätte anders machen können. Immer mal wieder geschieht es, dass eine Situation, die von Streit geprägt war, sich nicht in Glanz und Gloria auflöst, sondern nur neutral wird. Die Beziehung ist gehalten, aber man muss weitere Gespräche führen. Und dann erlebt zum Beispiel die Person: «Aha, so schlecht habe ich damals gar nicht reagiert, ich war schon nah dran.» Die Methode begünstigt also die Selbstreflexion.

Es ist auch denkbar, körperlich in den Perspektivwechsel zu schlüpfen. Wieder eine Situation: Die Führung hat das Gefühl, ich kann mich hier nicht durchsetzen, zum Beispiel gegenüber Generation Y und Z. Und dann spielen wir die konkrete Situation und die Führung, die im Kurs ist, übernimmt die Rolle der Generation Y oder Z. Sie muss auch mit Käppi auf dem Kopf locker und lässig hineinmarschieren und wirklich in diese Rolle schlüpfen. Es ist ganz interessant, wie sie dann körperlich spüren: «Na, dieser Auftrag, der war ja gar nicht klar, der war ja gar nicht wichtig», sie erfahren plötzlich in der Rolle des Y- oder Z-lers, ja, was kommt denn da überhaupt an? Im körperlich gespielten Rollenwechsel kann man gut herausbekommen, was man ändern muss.

Selbstverständlich kann eine Teilnehmerin auch ihre eigene Situation spielen und sich dann von den anderen Feedback einholen und vor allem von der Person, mit der sie spielt: «Was hätte ich denn besser machen können?» Das ist die große Chance, die im Rollenspiel steckt. Man kann in den kurzen Sequenzen tatsächlich dann auch Körperarbeit machen, man kann sagen: «Hast du Lust, willst du es noch mal spielen und du stellst dich einfach anders hin oder du machst den Blick anders?» Oder die mitspielende Person kann sogar sagen: «Oh, deine Körperhaltung löst gerade das und das bei mir aus.» Wenn man das aber gar nicht auslösen wollte, dann ändert man eben die Körperhaltung. Es besteht also ein großes Erkenntnispotenzial im Rollenspiel. Man muss das als Seminarleitung gut anmoderieren, die Teilnehmenden müssen auch wieder rausschlüpfen aus ihren Rollen, das ist wichtig.

Um etwas zu verändern, und das ist ja der Grund, warum wir eine Weiterbildung besuchen, braucht es dreierlei: Erstens Fachwissen. Das bieten wir, indem wir Sie über die Generationenunterschiede aufklären. Zweitens brauchen wir konkrete Lösungswege, die zum Berufsalltag passen. Das erarbeiten wir mit den Methoden und Fallbeispielen. Und drittens braucht es Freude und das Zutrauen: Es kann gelingen! Das ist eine ganz wichtige Botschaft und Ressource.

Wenn wir die Generationen so darstellen, dass wir zeigen: Sie sind so geworden, weil die Welt sich verändert hat, da steckt keine Respektlosigkeit dahinter, sondern ein Gewordensein, dann fangen die Leute an, die anderen wieder interessant zu finden, und bekommen Lust zu fragen: «Warum bist du denn so?» Dann fangen sie ganz von allein an, Brücken zu bauen. Und in der Mitte befindet sich der gemeinsame Lösungsweg.

Niemand ist dumm, faul oder verantwortungslos. Alle sind so geworden, weil sie historisch eine Welt vorgefunden haben, auf die sie geantwortet haben. Und damit haben wir ein sachliches Verständnis von den Unterschieden zwischen den Generationen. Und wenn wir dieses sachliche Verständnis haben, dann entsteht auch wieder Neugierde, eigentlich sogar ein historisches Interesse. «Ah, wie war denn das wirklich? Und stimmt das denn tatsächlich, fühlst du dich so?» Es entstehen Kommunikation und Wertschätzung. Und diese Wertschätzung führt immer dazu, dass wir Lösungswege finden.

Tipps für Coaches und Beratungsstellen

V

Was bedeuten die Generationenunterschiede für Coaching und Beratungsstellen? Auch hier verändert sich etwas mit dem Hinzukommen der Generationen Y und Z als neuen Kunden. Es entstehen Erwartungen und Bedürfnisse und dementsprechend sollte das Angebot angepasst werden. Wir befinden uns mitten in einem Change-Prozess.

Persönlicher Termin oder 24-Stunden-online-Service

Eine langjährige Mitarbeiterin einer Beratungsstelle beschreibt uns, dass sie bei telefonischen Anfragen jeweils versucht, die Kundinnen und Kunden für eine Terminvereinbarung zu gewinnen. Fast immer erntet sie bei Jüngeren die Antwort: «Können wir das nicht jetzt grad telefonisch machen? Oder schicken Sie mir doch später eine Sprachnachricht.» Die erste Veränderung ist, dass die Ratsuchenden gar nicht mehr zu einem persönlichen Termin kommen möchten. Diese Veränderung ist relativ einschneidend, wenn die betroffenen Organisationen auf Face-to-Face-Beratungen spezialisiert sind.

An dieser Stelle müssen wir einmal überlegen, was die Generationen Y und Z überhaupt noch persönlich machen, im Sinne des persönlichen Termins. Gehen sie persönlich einkaufen, ins Reisebüro oder gar an den Bahnschalter? Nein. Viele bevorzugen die Fitness-App und machen Sport zuhause, andere verdienen einen großen Teil ihres Gehalts im Home-Office oder sind es gewohnt, mit internationalen Partnern Videokonferenzen abzuhalten. Sie merken, es braucht sehr gute Gründe, um sich irgendwo persönlich hinzubewegen.

Pointiert ausgedrückt, gibt es nur noch zwei Gründe für einen persönlichen Termin: A) Wenn es ganz schlimm ist. Das wäre dann der Arztbesuch beziehungsweise die Operation. B) Wenn es besonders schön ist. Das wäre die beste Freundin, der beste Freund oder ein richtig guter Event. Die Frage an Sie als Beratende lautet entsprechend: Sind Sie lieber die Operation oder die beste Freundin, der beste Freund?

Vertiefen wir uns noch etwas mehr in diese Frage. Was hat sich denn genau verändert? Es gibt Smartphones und WLAN mit gutem Netzausbau. Das bedeutet maximale Flexibilität. Der Ort bin ich. Die Zeit bin ich. Da, wo ich gerade bin, und falls ich da gerade Zeit habe, kann ich alles machen.

Nicht nur junge Eltern berichten von diesem Zustand: «Wenn das Baby gerade schläft, schaue ich schnell nach, was im Fernstudium auf Moodle gestellt wurde und ob die Präsentation schon da ist. Auf dem Spielplatz, wenn das Kind gerade zufrieden spielt, kann ich doch noch schnell das eine oder andere bestellen, die Nachrichten von gestern Abend schauen, die ich verpasst habe, oder ein paar neue Fotos hochladen und mein Profil aktualisieren.» Sie sind selbst der Ort. Und die Zeit ist so knapp bemessen, dass sie alles irgendwie dazwischenquetschen. Das tut Generation Y, indem sie auf dem Spielplatz genau das noch einreicht, was das Fernstudium von ihnen verlangt. Fertig gemacht haben die Y-ler das große Dokument natürlich spät abends, als das Kindchen schlief. Das Einreichen erledigen sie, nachdem sie noch einmal die Rechtschreibkorrektur haben darüber laufen lassen, auf dem Spielplatz. Und es reicht ja nicht, dass sie die Fürsorge fürs Kind und den beruflichen Werdegang unter einen Hut bekommen. Das fängt bei Generation X schon langsam an. Y-ler müssen dabei auch noch eine gute Figur machen. Anerkennung und äußere Wirkung sind wichtiger geworden als materieller Wohlstand. Also müssen sie in den Social Media präsent sein und auch im realen Leben Sozialkontakte pflegen. *Nur* Vater sein? *Nur* Mutter sein? Babyboomer und Generation X wundern sich manchmal, dass Generation Y und Z so oft abends ausgehen wollen. «Langweilig und frustriert» geworden – das wäre das Antibild, das sie von den älteren Generationen haben. Sie merken, Generation Y muss auf einen riesigen Effizienzdruck antworten. Genau darum wünschen sie sich auch wieder eine verstärkte Abgrenzung von Privatleben und Beruf. Sie bestehen wieder auf ein Firmentelefon. Nicht weil sie sich kein eigenes leisten könnten, sondern, um es auszuschalten! Abends, am Wochenende und im Urlaub.

Und bei alldem sollen sie noch irgendeinen Coaching- oder Beratungstermin wahrnehmen – persönlich? Mit Hin- und Herfahren? Das schaffen sie gar nicht!

Zum einen schaffen sie es zeitlich nicht, zum anderen ist es für Generation Y auch gar nicht mehr normal, termingebundene Angebote wahrzunehmen. An die Stelle des Fernsehprogramms ist Streaming oder Netflix (Video-on-Demand) getreten. Ich konsumiere nicht dann, wenn etwas angeboten wird, sondern zeitversetzt, wann immer ich die Unterhaltung oder das Wissen gerade brauche. Das Internet hat die Erwartung an einen

24/7-Service zuerst geweckt und dann selbstverständlich gemacht. Entsprechend gibt es schon Dienstleister, die darauf reagieren. Zum Beispiel Anwalt-Hotlines, die rund um die Uhr innerhalb von zwei bis drei Minuten eine Antwort liefern. Oder Chats, die sich auf einer Homepage von selbst öffnen. Oft steht gar nicht unbedingt ein Mensch dahinter, sondern künstliche Intelligenz.

Generation X und Babyboomer dagegen finden den 24-Stunden-Service nur für Notfälle sinnvoll. Etwa die Notaufnahme im Krankenhaus oder das kirchliche Seelsorge-Telefon für Selbstmordgefährdete. Alles andere kann warten – auf einen Termin. Diese Normalität hat sich geändert. Warten heißt bei Generation Y und Z nicht länger als drei Sekunden – nämlich bis sich die entsprechende Internetseite geöffnet hat. Sich zeitlich mittelfristig festzulegen, passt nicht zur flexiblen Haltung gegenüber der Welt und zu dem, was sie fordert und bietet. Jeder Friseurtermin, jede Hotelbuchung kann kurzfristig kostenlos storniert werden, wenn die anvisierte Aktivität plötzlich doch nicht mehr reinpasst.

Pünktlichkeit

Jetzt haben Sie es in einer Beratungsstelle vielleicht trotzdem geschafft, dass einige einen Termin ausmachen. Und dann kommen diese jungen Klienten zu spät oder gar nicht. Das kann den gut geplanten Ablauf von Generation X und Babyboomern schon einmal durcheinanderbringen. Warum fällt es Generation Y und Z so schwer, einen vereinbarten Termin einzuhalten? Wir wissen ja schon um den ganzen Stress. Dazu kommen noch diese Geräusche, die man zum Beispiel in der Straßenbahn oder an der Ampel ständig um sich hat. Piep! Ping! Bong! Das sind die Erinnerungstöne im elektronischen Kalender! «Vergiss nicht, du wolltest die Oma noch kontaktieren!» «Denk dran, übermorgen hat der Soundso Geburtstag. Du wolltest noch etwas einkaufen.» Noch schöner wird es, wenn nicht nur der elektronische Kalender Töne von sich gibt, sondern herzliche und kundenorientierte Mails reinkommen, die sie an irgendetwas erinnern, was sie einreichen oder abgeben sollten. Und die Gewöhnung passiert bei Generation Y und Z schnell: «Super! Bei allem, was dringlich ist, werden die sich schon melden.» Und wieder dieses Angenehme: «Ich bin der Ort und die Zeit und werde erinnert.» Hier zeigt sich ein Generationenunterschied.

Generation X setzt auf Eigenverantwortung, merkt sich seine Termine und kommt pünktlich. Generation Y und Z setzen auf Netzwerk, denken: «Das wird schon werden» und verlassen sich auf andere.

Fallbeispiel 35
Erinnerungsanruf

Eine Frau, Generation X, die von ihrem Anspruch her gerne pünktlicher und zuverlässiger wäre, als es ihr tatsächlich im realen Leben gelingt, erzählt Folgendes: «Die Sprechstundenhilfe meiner Zahnärztin ruft mich 15 Minuten nach Terminbeginn auf dem Festnetz an, und sagt mir. ‹Sie hatten einen Termin.› Allein die Tatsache, dass ich das Festnetztelefon abnehmen kann, weil ich noch zuhause bin und offensichtlich den Termin vergessen habe, ist mir schon peinlich. Nun wohne ich auch noch 30 Autominuten entfernt auf dem Land. Ich habe gar keine Chance, das noch zu schaffen, selbst wenn ich aufspringen würde! Also komme ich in die missliche Situation, nichts tun zu können und mich entschuldigen zu müssen. Das ist mir jedes Mal sehr unangenehm.» Die Sprechstundenhilfe bittet die Kundin dann tatsächlich sehr höflich, aber doch auch eindeutig: «Bitte kommen Sie das nächste Mal!» Als ob das nicht ohnehin der Plan gewesen wäre! Sie verbleibt dann immer mit einem schlechten Gewissen und ertappt sich dabei, wie sie überlegt, die Zahnärztin zu wechseln. Merken Sie etwas? 15 Minuten später anrufen ist schlecht für die Kundenbeziehung.

Psychologisch lässt sich das ganz einfach erklären. Man assoziiert mit dem anderen die Gefühle, die man selbst in der Situation hat. Also, wenn ich mich schlecht fühle, finde ich die andere Person unangenehm und versuche sie zu vermeiden. Genau das will niemand in der Kundenbeziehung erreichen.

Ganz anders sieht der Erinnerungsanruf für Generation Y und Z aus. Diesmal ist es eine kieferorthopädische Praxis und Sie wissen, die haben vor allem Kinder und Jugendliche als Kundschaft. Dieselbe Frau berichtet von den Terminen ihres fünfzehnjährigen Sohnes: «Die Sprechstundenhilfe ruft jedes Mal eine Stunde vor Termin an und sagt: ‹Ihr Sohn hat heute um soundsoviel Uhr einen Termin.›» Und oft genug haben es tatsächlich alle vergessen. In dieser Stunde haben sie die Zeit, alles schnell umzuorganisieren, irgendwo ein Auto herzubekommen, den Sohn noch an der Schule abzufischen, damit er rechtzeitig beim Termin ist. Die X-lerin ist jedesmal ganz glücklich und dankbar über diesen Anruf. Das ist in ihren Augen eine hilfsbereite, kundenorientierte Praxis und sie spürt, die ziehen mit mir an einem Strick. Tolles Gefühl! Und der Ablauf funktioniert. Sie wartet dort maximal zehn Minuten. Diese Praxis würde sie immer weiterempfehlen. Die Mutter aus Generation X ist noch positiv überrascht und erfreut über den rechtzeitigen Erinnerungsanruf. Bei vielen Friseuren und Beauty-Salons ist der Reminder längst Standard oder sie bieten die spontane Dienstleistung ohne Termin an. Sie reagieren damit auf eine junge Kundschaft, die sich nicht mehr im Voraus für einen Tag, einen Ort und eine Uhrzeit verabredet. Generation Y und Z sind keine Termine mehr gewohnt. Terminplanung wird durch Spontaneität und Flexibilität ersetzt.

Ein junger Pfarrer berichtet uns, dass er einer der wenigen sei, bei dem die Jugendarbeit noch Zulauf habe. Nach wenigen Rückfragen wird klar, dass er vor jedem kirchlichen Angebot für die Jugendlichen an alle aus der Kirchengemeinde eine Erinnerungs-WhatsApp verschickt.

Für Babyboomer und Generation X ist das neu. Früher hatte man eigentlich überhaupt keine Termine, die man vergessen konnte. Da kannte man alle Leute und wusste die Geburtstage auswendig. Da war immer am Sonntag Kirche und anschließend Frühschoppen und vielleicht am Donnerstagabend Probe der Freiwilligen Feuerwehr oder des Kirchenchors. Fertig. Die vielen präventiven Arzttermine für Kinder gab es noch gar nicht. Bei Generation X ging es schon los mit dem «Nicht vergessen!»-Magneten am Kühlschrank, den Post-its am Bildschirm im Büro. Heute würde Generation X am Kühlschrank gar nichts mehr sehen, wenn sie für alles einen Erinnerungsmagneten hätte.

Entsprechend haben Generation Y und Z Termine weitestgehend abgeschafft und quetschen alles, was sie vorhaben, möglichst spontan dazwischen. In den seltenen Fällen, in denen ein Termin von Vorteil ist, dann bitte mit rechtzeitiger Erinnerung. Aber noch besser, finden Generationen Y und Z, geht es online und dadurch rund um die Uhr.

Hilferufe aus dem Dschungel der Information

Was hat sich noch verändert? Die Klienten sind besser informiert. Unabhängig davon, um welches Thema, welche Dienstleistung oder welches Beratungsangebot es sich handelt, Generation Y und Z wissen Bescheid. Die Beratenden stellen fest: «Die wissen alles. Die sind in irgendwelchen Foren und diskutieren ... Da schaffen wir es als Fachexperten und -expertinnen gar nicht nachzukommen. Wir wissen nicht, was dort diskutiert wird.» Wir geben Ihnen den dringenden Rat, kümmern Sie sich auch bitte nicht darum. Das ist hoffnungslos. Es gibt unendlich viele Foren und es gibt unendlich viel hervorragende Informationen – und unendlich viel Quatsch. Das ist so. Generation Y und Z wissen auch das und klicken sich schnell durch, aber spurlos geht es trotzdem nicht an ihnen vorüber. Denn es gibt vor allem unendlich viele Menschen, die in Foren das mitteilen, was sie für mitteilungswürdig halten, nämlich ihre persönliche Meinung: «Antwort auf deine Frage, also ich weiß es auch nicht, aber ich denke ...» Mitteilungswürdig sind natürlich immer auch real erlebte Extremsituationen. Das Internet ist voll davon. Voll mit hervorragenden Situationen – da, wo jemand 25 Kilo abgenommen hat, das Kind mit vier Jahren schon Geige spielen kann oder Krebs erfolgreich mit alternativen Therapien behandelt wird. Und das Internet ist voll von Katastrophen – da, wo etwas passiert ist oder jemand falsch gehandelt hat. Und das wirkt sich auf die Klienten aus. Sie projizieren sich in die Situationen hinein. Alles, was im Netz steht, könnte auch ihnen passieren.

«Mache ich alles richtig?» Allein, wenn ich alles durchgelesen habe, was man richtig machen könnte, bleibe ich übrig als Versager. Denn alles richtig zu machen, ist unmöglich. Das wissen Sie, egal welcher Generation Sie angehören. Aber das Internet verschärft es noch. Früher waren es nur die Eltern, die Tante, die Oma und der Nachbar, die Ratschläge erteilt haben. Schlimm genug, aber es waren zumindest bekannte Personen und damit überschaubar. Das Internet überflutet seine User. Sie lesen alles, von der besten Studie bis hin zu den schlimmsten Horrorgeschichten. Da hat man schnell mit Dämonen zu kämpfen.

Der gut gemeinte Rat «Denk nicht an die Horrorgeschichte!» funktioniert nicht. Psychologisch wissen wir, dass das Unbewusste sich nichts verbieten lässt, im Gegenteil. Gedanken, die man eigentlich unterdrücken möchte, drängen besonders vehement. Sie kennen das psychologische Experiment. Einer im Saal sagt «Denken Sie nicht an einen rosa Elefanten!» und der ganze Saal kann nicht anders, als an einen rosa Elefanten denken. So geht es Generation Y und Z mit dem Informationsdschungel im Internet.

Informationsreduktion – eine neue Aufgabe

Informationsreduktion ist die neue und oberste Aufgabe in Coaching und Beratung. Denn wir haben mit der Generation Y und Z keine informationssuchenden Klienten und Klientinnen mehr. Wenn sie sich in Coaching und Beratung etwas wünschen, dann ist das eine Antwort auf die Frage: Was ist das wenige Wichtige, das für mich relevant ist? Und zweitens wünschen sie sich, dass ihnen die Unsicherheiten und Ängste genommen werden, die genau durch die vielen und extremen Informationen ausgelöst werden.

Das erreichen Sie durch

- Vertrauensaufbau
- beruhigende Fachkompetenz: Statistiken und Mengenangaben dazu, wie häufig in vergleichbaren Fällen nichts passiert
- klare, einfache Empfehlungen

Rollenwandel: Von der Expertin zum Coach oder zur kompetenten Freundin

Das bedeutet eine Veränderung der Rolle der Beratenden. Denn Informationsreduktion braucht als Basis Vertrauen und eine gewisse Parteilichkeit. Das ist eine andere Art von Autorität als die der klassischen Fachexpertise. Eine erfahrene Fachkraft in der Erziehungsberatung, Babyboomerin, berichtet: «Die jungen Eltern stellen meine Autorität als Expertin dermaßen in Frage. Das ist unglaublich! Ich sage etwas, und in dem Augenblick zücken sie schon das Handy und googeln es nach. Ich fühle mich da wirklich nicht respektiert.» Keine Sorge. Die klassische Fachexpertise, das Mehr-wissen-als-die-Klienten ist gar nicht mehr nötig. Diese Säule der reinen Experten-Autorität gibt es für Generation Y und Z nicht mehr. In Bezug auf Fachwissen sehen sie sich mit Ihnen als Team. Sie denken und helfen mit und gehen nach der Devise vor, Wissen ist ein Ergebnis von Gruppen- und Teamarbeit.

Generation Y und Z suchen nicht primär nach einer Expertin. Wissen holen sie sich ja selbst. Generation Y und Z wünschen sich einen Coach. Jemand, der ganz klar auf ihrer Seite steht und für sie da ist in ihrer konkreten Situation und auf ihre persönlichen Verunsicherungen eingeht. Sie wünschen sich nicht hundert allgemeingültige Ratschläge aus dem Ratgeberbüchlein, sondern einen Ratschlag für sich. Jemanden, der ihnen wie die Eltern im beratenden Erziehungsstil bei persönlichen Fragen zur Seite steht. Generation Y und Z suchen keine Autorität der Fachexpertise, sondern eine kompetente Freundin, einen Coach, eine Vertrauensperson.

Beruhigende Fachkompetenz und klare, einfache Empfehlungen

Ist das Vertrauen aufgebaut, bekommt die Fachkompetenz wieder eine wichtige Funktion, und zwar die der Beruhigung bei Unsicherheiten. Wie kann ich Informationen reduzieren respektive Sorge und Druck herausnehmen? Am schönsten wäre es, Sie dürften in der Beratung auch mal sagen: «Es ist alles nicht so schlimm. Ich versichere Ihnen, da passiert nichts.» Rechtlich besser abgesichert ist es, wenn Sie auf Statistiken oder Zahlen verweisen können: «Ich hatte schon 1500 Klienten und bei keinem ...»

Es geht darum, die Dämonen zu bändigen. Oder die Liste der Risiken und Nebenwirkungen (des Lebens) beiseitezulegen und zur Dosierungsanleitung überzugehen: klare, einfache Empfehlungen.

Da entsteht auch eine neue Rolle der Institution, für die Sie als Beraterin oder Berater tätig sind. Wie kann diese Institution ihr Personal so instruieren und schützen, dass niemand verklagt wird und gleichzeitig Spielraum für Vertrauensaufbau und Informationsreduktion vorhanden ist? Das könnten spezialisierte Kommunikationstrainings sein. Begleitend dazu bräuchte es Zeit und Raum für Selbstreflexion und kollegialen Austausch zu konkreten Klientensituationen. Denn einen Rollenwechsel von der Expertin zum Coach macht man nicht mal eben schnell nach einer Schulung. Wirklich lernen kann man nur, wenn man sich kontinuierlich immer wieder mit dem Thema auseinandersetzen kann und weiter dazulernen darf. Sonst fällt man zurück in die alte Rolle. Die Aufgabe der Institution ist es, den Rollenwechsel zur neuen Autorität durch Beziehung und Vertrauen zu erkennen, ihn ernst zu nehmen und die Mitarbeitenden auf dem Weg in diese Richtung zu begleiten.

Online-Angebot – neue institutionelle Herausforderung

In einer Zeit, in der die Social Media die etablierte Erwachsenenwelt erreicht haben und Firmen so wie Politikerinnen und Politiker über Facebook und Twitter kommunizieren, wird für alle Beratungsbranchen ein Online-Angebot zunehmend wichtig. Je nach beruflichem Hintergrund, wenn jemand vielleicht mit viel E-Learning, Geschäftsreisen oder internationalen Teams zu tun hat, gehören sogar schon einzelne Babyboomer und vermehrt Generation X zu denjenigen, die das ortsunabhängige Online-Angebot in der Beratung erwarten. Für Generation Y und Z wird das zunehmend Normalität. Es gibt Anbieter, die sogar Psychotherapie online anbieten.[1] In einigen Studiengängen ist Online-Beratung bereits Teil des Pflichtstoffes wie zum Beispiel in der ZHAW, Zürich. So können ohne lange Anfahrtswege oder auch überall auf der Geschäftsreise Therapiestunden stattfinden. Statt face-to-face sieht man den Therapeuten oder die Therapeutin auf dem Bildschirm.

Die Mehrzahl der Babyboomer und etliche X-ler haben häufig große Hemmungen in Bezug auf Online-Coaching und -Beratung. Für sie ist und bleibt die Face-to-Face-Beratung der Königsweg. «Wenn ich den ganzen Körper sehe, kann ich viel mehr Botschaften empfangen, die sonst unsichtbar wären: Erstaunen, Erschrecken, all das sehe ich in der Körpersprache. Und ich habe meine eigene Mimik, meine Gestik, um Vertrauen auszubauen», ist ihr Argument.

Das stimmt. In der realen Situation lässt sich viel mehr wahrnehmen und anders eine Beziehung aufbauen, als – je nach Chat – nur über schriftliche Fragen und Antworten oder die oft leicht verzerrten Bilder ohne echten Blickkontakt im Videochat. Der Face-to-Face-Beratung gegenüber scheint die Online-Beratung zweite Wahl zu sein.

In dem einen Punkt haben die Berater und Beraterinnen der älteren Generationen absolut Recht. Circa 60 Prozent unserer Wirkung beruhen auf Körpersprache, weitere circa 30 Prozent auf der Stimme und Art und Weise des Sprechens. Die Beratenden oder Coaches könnten das schauspielerisch noch trainieren oder in die neuen Ausbildungsgänge integrieren: Wie wirke ich vertrauensvoll im Videochat?

---

[1] www.mentavio.com.

Aber die Klienten und Klientinnen? Nimmt man dann gar nichts mehr von ihnen persönlich wahr, weil sie im Videochat immer neben die Kamera gucken? Oder umgekehrt, sind sie aufgrund ihres geübten Umgangs mit den Social Media viel besser trainiert, sodass sie vor uns – vielleicht sogar unbewusst oder aus Gewohnheit – eine Show abziehen? In Bezug auf Präsenz, Vertrauen und Beziehung wird die Face-to-Face-Beratung immer wichtig bleiben.

Aus mindestens drei Gründen lohnt es sich dennoch, ein gutes Online-Angebot einzurichten.

Erstens: Wenn Generation Y und Z keine Termine mehr wollen und einfach nicht zur Face-to-Face-Beratung erscheinen, dann gilt es, eine Alternative aufzubauen, um diese Klientel zu erreichen. In einigen Fällen könnte es sein, dass das Online-Angebot sogar nur die Eintrittskarte ist und dann bei zunehmendem Vertrauen doch eine Face-to-Face Beratung gewünscht wird.

Zweitens: Wenn wir wissen, dass die Generationen Y und Z durch das Netz enorm informiert sind, aber genau aufgrund der Extreme, die überall im Internet zu finden sind, Unsicherheit und Ängste entwickeln, dann bietet es sich doch an, ein fachlich gutes Konkurrenzangebot zu dem Dschungel der Informationen aufzubauen.

Drittens gibt es verschiedene Beratungssituationen, in denen die Stärke der Face-to-Face-Beratung nicht nötig oder sogar unerwünscht ist, z. B. bei schwierigen Themen. Da, wo ganz im Gegenteil eine gewisse Distanz vonnöten ist, um sich überhaupt zu einem Thema äußern zu können. Wo man nicht angeschaut, nicht gesehen werden will und selbst auch niemandem in die Augen schauen möchte. Hier ist die Online-Beratung für die Ratsuchenden viel angenehmer.

Bleibt die Frage, ob die kommende Generation Z mehr Distanz gewohnt ist und darum Nähe und Präsenz viel weniger gut aushält. Das wäre eine zusätzliche Erklärung dafür, dass sie die Face-to-Face-Beratung meidet. Vielleicht wird Generation Z wieder mehr direkten Kontakt suchen, weil die Sehnsucht nach Nähe und Präsenz sehr stark ausgeprägt ist. Hier müssen wir abwarten, wie sich die noch sehr jungen Generation Z entwickeln wird.

Aufbau von IT-Systemen: Die Menschen mitnehmen

Immer wenn ein IT-System eine Tätigkeit ersetzen soll, die früher Menschen gemacht haben, darf man nicht vergessen, dass es Menschen sind, die die neue Technik bedienen werden. Aber welche Mitarbeitenden werden für die Korrespondenz im Chat zuständig sein? Alle wissen, wie man sich einloggt und etwas in den Chat tippt. Aber das allein reicht nicht.

Der Kompetenzaufbau ist ein weiterer wichtiger Aspekt des Rollenwechsels von der Face-to-Face-Beratung hin zur Online-Beratung. Wie verfasst man eigentlich einen wohltuenden Beitrag? Wie geht man effizient mit Textbausteinen um – fast überlebenswichtig in der Branche – und kombiniert diese geschickt mit etwas Persönlichem? Wie knapp oder ausführlich hat es Generation Y gern? Online-Beratung hat ihren eigenen Verhaltenscodex. Da ist es wichtig, dass eine Institution ihren Mitarbeitenden das Pensum an Weiterbildungen, kontinuierlichem Lernen und kollegialem Erfahrungsaustausch ermöglicht, das sie brauchen, um der neuen Rolle gerecht zu werden.

Eine Rolle wechselt man jedoch nicht allein durch Kompetenzzuwachs. Die neuen Rollenanteile wollen in das eigene Selbstbild integriert werden. Beraterinnen und Coaches haben meistens ein sehr hohes Berufsethos. Und vielleicht sind es insbesondere die erfahrenen Face-to-Face-Beratenden, Babyboomer und Generation X, die die Unsicherheit nicht loswerden: «Tut mein Chat dem Klienten überhaupt gut?» Sie schreiben vielleicht nach einer guten Weiterbildung die besten Chatbeiträge und werden doch nachts noch darüber nachdenken, mache ich meine neue Aufgabe überhaupt richtig? Denn sie bekommt eben nicht mehr das Lächeln und den zuversichtlicheren Blick gegen Ende der Sitzung. Sie können nicht mehr die entspanntere und etwas aufrechtere Körperhaltung beim Hinausgehen der Klienten wahrnehmen. Als Ersatz bekommen sie dafür vielleicht alle paar Wochen oder Monate eine Statistik über die Kundenzufriedenheit in ihren Chatzeiten. Woran erkennt eine Beraterin, dass sie ihre Berufsehre leben und ausfüllen kann? Woher kommt die Kraft, weiterzumachen? Wenn hier keine Sicherheit durch Reflexion und regelmäßigen Austausch entsteht, dann kann die neue Rolle als Online-Beraterin zur Last werden, es kommt zu Demotivation oder sogar psychischer Belastung. Das Selbstbild bei der Veränderung einer Rolle ist ein wichtiger Aspekt, der fast immer unterschätzt wird.

Für manche Institutionen beinhaltet das Reagieren auf die Erwartungen von Generation Y und Z einen umfassenden Change-Prozess, der auf verschiedenen Ebenen stattfindet: Ein tiefgehendes Verständnis der neuen Generation Y und Z als Kunden, die Erweiterung des Angebots hinsichtlich Online-Beratung, die Entwicklung der Kompetenz der Mitarbeitenden und die nachhaltige Unterstützung erfahrener Mitarbeitender im Rollenwechsel hin zur Online-Beratung. Ein wunderbarer Change-Prozess, der auch etwas mit Leadership und positiven Visionen zu tun hat: Den jungen Generationen etwas bieten können, was zu ihnen passt, das sie annehmen können und das sie unterstützt.

Tipps zum Erhöhen der Arbeitgeberattraktivität
VI

In Zeiten zunehmenden Fachkräftemangels, ist es für Unternehmen wichtig, die richtigen Mitarbeiter zu finden und zu halten. In diesem Kapitel erklären wir, inwiefern Arbeitgeberattraktivität für die verschiedenen Generationen Unterschiedliches bedeutet, und erlauben uns danach noch einen Exkurs über Rekrutierung.

Herausforderungen für Unternehmen

Warum ist es heutzutage so wichtig, als Arbeitgeber attraktiv zu sein für Mitarbeiterinnen und Bewerber?

Es herrscht Fachkräftemangel, schon jetzt. Und dieser Trend wird sich in Zukunft noch weiter verschärfen. Darüber sind sich fast alle Experten einig und diverse wissenschaftliche Studien bestätigen es auch.[1] Am Rand sei bemerkt: Google verzeichnet fast drei Millionen Einträge zum Schlagwort «Fachkräftemangel». Gestritten wird in Expertenkreisen lediglich über die Details, zum Beispiel darüber, wie groß genau die Fachkräftelücke ist und in welchen Branchen sie besonders gravierend zu Buche schlägt.

In der Altenpflege zum Beispiel fehlt schon heute ausgebildetes Personal. In Deutschland dauert es durchschnittlich sage und schreibe 167 Tage, bis eine Stelle neu besetzt werden kann[2]; 167 Tage, das ist fast ein halbes Jahr. In der Schweiz sieht es zurzeit noch etwas besser aus. Doch auch hier spüren die Betriebe: Gutes Pflegepersonal ist Mangelware. Ähnlich knapp wie bei den Gesundheitsberufen ist es zum Beispiel auch bei technischen Berufen im Baugewerbe. Im Gastgewerbe ist es besonders schwierig, Auszubildende zu finden. 61 Prozent der Stellen bleiben unbesetzt.[3]

Vom Fachkräftemangel betroffen sind nicht nur Akademikerberufe, sondern auch solche Berufe, die eine fundierte Berufsausbildung erfordern.

Der Fachkräftemangel hat etwas mit unseren Generationen zu tun: Die Babyboomer – die geburtenstarken Jahrgänge – gehen in Rente, und es kommen nicht genügend Fachkräfte nach. Eine weitere Rolle spielt auch der technische Fortschritt mit der Digitalisierung, der dazu führt, dass

---

[1] U. a. Prognos (2015).
[2] Prognos (2015).
[3] Ebd.

mehr qualifizierte und weniger unqualifizierte Kräfte gebraucht werden. Bei den qualifizierten Kräften entsteht also ein Mangel. Trotzdem ist jedes Unternehmen darauf angewiesen, die richtigen Mitarbeitenden zu finden. Und: Jedes Unternehmen ist darauf angewiesen, die richtigen Mitarbeitenden auch zu halten. Das ist nicht gerade einfach, weil gut ausgebildeten Fachkräften ja auch anderenorts attraktive Angebote winken. In vielen Bereichen gibt es mehr Stellen als gute Leute.

Eine Kursteilnehmerin beschreibt den Unterschied zwischen Bewerbungsgesprächen damals und heute wunderbar treffend so: «Ich war damals wahnsinnig aufgeregt vor meinem ersten Bewerbungsgespräch. Keine Ahnung, wie viele junge Menschen sich noch auf diese Stelle beworben hatten. Da kam es darauf an, dass ich alles richtig machte. Ich wollte hundert Prozent Engagement zeigen. Verschüchtert saß ich auf der Kante meines Stuhls, Schweißflecken unter den Achseln. Mein linker Fuß wollte nicht aufhören, nervös zu wippen. Der Personalleiter machte es sich so richtig bequem, lehnte sich zurück, Hände hinter dem Kopf verschränkt und quetschte mich gönnerhaft aus: ‹Was können Sie, was andere nicht können?›; ‹Warum sollten wir gerade Sie einstellen?›; ‹Was sind Ihre Stärken, was Ihre Schwächen›? Ich bemühte mich, so zu antworten, wie ich glaubte, dass er es hören wollte, das, was ich vorher in den Bewerbungsbüchern gelesen und eingeübt hatte. Ich erinnere mich, dass ich mich nicht mal getraut habe, nach dem Gehalt zu fragen, geschweige denn nach Urlaub und Brückentagen. Das hätte ja geklungen, als sei ich nicht motiviert.

Heute bin ich in der Rolle der Personalleiterin, die junge Mitarbeitende für unser Haus rekrutiert (Anmerkung, Ende vierzig, Generation X). Schon damals hatte ich mir geschworen: Irgendwann sitzt du auf der anderen Seite dieses Tischs. Und ich gebe zu, so ein bisschen habe ich mir manchmal gewünscht, mich gönnerhaft zurücklehnen zu können, die Fragen zu stellen und die Bewerber ein wenig ins Schwitzen zu bringen. Und was erlebe ich stattdessen? Die Rollen sind wie vertauscht. Wieder bin ich diejenige, die ins Schwitzen kommt. Jetzt fragen die Bewerber: ‹Was bietet mir Ihr Haus, was mir andere nicht bieten?›; ‹Warum sollte ich gerade zu Ihnen kommen›? Und die Fragen nach dem Gehalt und dem Urlaub kommen so sicher wie das Amen in der Kirche.»

Der Spieß hat sich in vielen Bereichen tatsächlich umgedreht. Früher kamen viele Bewerber auf eine Stelle. Heute kommen viele Stellen auf einen Bewerber. Früher konnte sich der Betrieb den Bewerber aussuchen. Heute sucht sich der Bewerber den Betrieb aus. Es konkurrieren nicht mehr so sehr die Bewerber um die Stelle, sondern die Betriebe um die Bewerber.

Die Lösung für Betriebe lautet: attraktiv sein, genauer gesagt: attraktiver als andere. Was wir aus dem Marketing für Produkt- und Dienstleistungen kennen, gilt heute auch für Arbeitgeber. Ein Produkt muss attraktiv sein für potenzielle Käufer, damit diese es probieren. Und es muss sich als gut herausstellen, damit es wieder gekauft und weiterempfohlen wird. Genauso muss der Arbeitgeber attraktiv sein für Bewerberinnen und Bewerber und auch für die eigenen Mitarbeiterinnen und Mitarbeiter, damit sie bleiben. Da sind Fragen wichtig wie:

- Welche Mitarbeiterinnen und Mitarbeiter wollen wir ansprechen?
- Wie können wir genau diese auf uns aufmerksam machen und ihr Interesse wecken?
- Was können wir diesen Mitarbeitern bieten?
- Wo können wir uns von anderen Arbeitgebern positiv absetzen?

Und hier kommen wieder unsere verschiedenen Generationen ins Spiel. Denn natürlich ziehen manche Faktoren für alle Mitarbeitenden gleichermaßen, beispielsweise mehr Geld. Doch das wäre zu kurz gesprungen.

Erstens kommt es darauf an, die Bedürfnisse der Mitarbeitenden *wirtschaftlich* zu erfüllen. Gerät ein Unternehmen aber in eine Krise, weil die Ausgaben die Einnahmen übersteigen, dann werden oft drastische Sparmaßnahmen und sogar Entlassungen nötig. Und dann ist dieses Unternehmen keineswegs mehr attraktiv als Arbeitgeber, denn es bietet keine sicheren Arbeitsplätze.

Zweitens dürfen Sie sich folgende Frage kritisch stellen: Ist es überhaupt das Geld, welches Mitarbeitende vor allem motiviert? Prüfen Sie Ihre ganz persönlichen Erfahrungen. Schließen Sie für einen Augenblick die Augen und denken Sie an eine Zeit in Ihrem Leben zurück, in der Sie gerne zur Arbeit gegangen sind. Sind Sie jeden Morgen aus dem Bett gesprungen und haben sich auf Ihr Gehalt gefreut? Oder waren es doch eher die Kollegen oder die spannenden Aufgaben? Machen Sie nun den Gegentest. Schließen Sie die Augen und erinnern Sie sich an eine Phase, in der Sie sich bei der Arbeit unwohl gefühlt haben – Ihnen die Arbeit regelrecht bevorstand. Welche Bilder kommen Ihnen nun in den Sinn? Ist es wirklich eine kleine Zahl auf einem Kontoauszug oder doch eher das Gesicht einer schlechten Führungskraft? Moderne Marktforschung zur Mitarbeiterzufriedenheit belegt, dass Geld zwar wichtig ist, aber bei weitem nicht den größten Einfluss hat auf die Zufriedenheit und Loyalität von Mitarbeitern.

Um für die Mitarbeiterinnen und Mitarbeiter attraktiver zu sein als andere, lohnt es sich, ihre Bedürfnisse auch vor dem Hintergrund der verschiedenen Generationen zu beleuchten. Denn so viel haben Sie bis hierhin wohl schon gelesen: Die Unterschiede sind groß.

Welche Generationen wollen Sie ansprechen?

Ein Personalleiter stellte uns folgende Frage: «Ich habe verstanden, dass für Babyboomer andere Dinge wichtig sind als für Generation X. Und Generation Y und Z ticken wiederum ganz anders. Ergibt es da überhaupt Sinn, allen Generationen gerecht werden zu wollen? Sollten wir uns als Arbeitgeber nichtviel mehr auf eine Generation spezialisieren und für diese der Spitzenarbeitgeber werden? Oder empfiehlt sich zumindest eine Spezialisierung pro Abteilung?» Auf den ersten Blick klingt das clever: Weniger Aufwand und weniger Konfliktpotenzial. Und die Frage hat auf jeden Fall ihre Berechtigung. «Welche Generationen wollen wir als Mitarbeitende ansprechen?»

Argumente für einen Generationen-Mix

Erstens sei an dieser Stelle das Schlagwort aus dem letzten Kapitel wiederholt: Fachkräftemangel. Stellen Sie sich vor, Sie suchen seit 167 Tagen einen geeigneten Bewerber, und nun finden sie einen und müssen ihn ablehnen, weil er nicht den richtigen Jahrgang hat. Es ist schlicht unrealistisch, dass sich Arbeitgeber das heute und in Zukunft leisten können.

Zweitens bereichern sich die spezifischen Stärken der verschiedenen Generationen. Arbeitgeber, die mischen, profitieren zum Beispiel von den Visionen der Babyboomer und von deren Wille, dafür zu kämpfen. Gleichzeitig haben sie starke X-ler, die wichtige kritische Fragen stellen. Und

Generationenmix. In der generationsübergreifenden Zusammenarbeit können alle vom Fachwissen der anderen profitieren.

dazu würde es den Generation-Y-Vertretern vielleicht ganz unbewusst gelingen, mit ihrem frischen Humor den Spaß bei der Arbeit zu steigern.

Drittens spielt neben der Prägung einer Generation auch das Alter eine Rolle. Generationen-Mix bedeutet Alters-Mix. Bestimmte Fähigkeiten lassen im Alter nach (z. B. die Sehkraft), andere nehmen zu (z. B. die Erfahrung). Hieraus entstehen wiederum spezifische Stärken, die sich nur im Mix ergänzen können. Zitat einer Führungskraft: «Wenn eine ältere Mitarbeiterin in der Schicht ist, dann ist auch der Wasserkocher entkalkt und die Katze gefüttert.» Gerade in komplexen, seltenen Situationen, in denen schnell gehandelt werden muss, kann kein Fachwissen der Welt Erfahrung ersetzen. Ein junger Reiseleiter berichtet: «Ich werde nie vergessen, als wir das erste Mal einen Todesfall an Bord hatten. Ich war wie in Schockstarre und wusste nicht, was tun. Da hat es mir sehr geholfen, dass mein älterer Kollege das schon öfter erlebt hatte. In aller Ruhe hat er die richtigen Worte gefunden und die richtigen Schritte eingeleitet.» Eine Babyboomerin aus der Buchhaltung berichtet: «Bei uns in der Firma haben wir sogenannte Tandems für das neu eingeführte Computer-Programm. Der Computer will trotz Schulung manchmal nicht so, wie ich will. Da ist es eine Riesenerleichterung, die junge Kollegin, mein Tandem, auf dem kleinen

Dienstweg fragen zu können. Ihr geht es so leicht von der Hand und sie hat eine Engelsgeduld mit mir.» Ein weiterer Aspekt: Im Laufe der Zeit haben sich je nach Branche auch die Ausbildungen verändert. So kennt ein frisch ausgebildeter Steuerberater die neuesten Gesetze mitunter besser. Im Lehrerberuf ist mehr Pädagogik hinzugekommen.

Viertens brauchen wir nun einen Perspektivenwechsel, zumindest für alle Unternehmen mit direktem Kundenkontakt. Und das sind viele. So erklärt eine Mitarbeiterin aus einem Pflegeheim: «Die Bewohner sind unterschiedlich. Die einen lieben die Jungen. Sie sehen darin ihre Enkel und können eine ganz tolle Beziehung aufbauen. Andere Bewohner wiederum fühlen sich von einer älteren Pflegekraft besser verstanden. Bewohnerorientierung ist für uns als Pflegeheim eines der wichtigsten Qualitätskriterien. Aus Bewohnerperspektive brauchen wir deshalb generationengemischte Teams.»

Nun hat uns interessiert, was die Beschäftigten selbst sich wünschen. Wir haben unsere Kursteilnehmer und -teilnehmerinnen gefragt: Wie arbeitet ihr lieber: im Generationen-Mix oder in Teams, bei denen alle im gleichen Alter sind und zu einer Generation gehören? Über 90 Prozent der Befragten waren für einen Generationenmix (eigene Studie, n = 400). Babyboomer schätzen zum Beispiel die frischere Ausbildung der Jüngeren und die lockere Atmosphäre. Die Jüngeren möchten nicht auf die Erfahrung der Älteren verzichten und finden, das bringe Ruhe ins Team.

Die Antwort auf die Frage, ob Generationenmix oder homogene Teams, lautet eindeutig: Mischen Sie die Generationen.

Was können Sie als Arbeitgeber bieten?

Juhani Ilmarinen ist einer der renommiertesten Forscher zum Thema «Arbeitsfähigkeit». Interessanterweise definiert er diese nicht im Sinne von aktueller Leistungsfähigkeit, sondern ganzheitlich und nachhaltig.[4] Es geht ihm um die Fähigkeit, über die ganze Zeit des persönlichen Erwerbslebens hinweg «gesund und zufrieden arbeiten» zu können. Ilmarinen definiert vier wesentliche Einflussfaktoren:

---

4 Tempel/Ilmarien (2013).

- das Individuum, also der Arbeitnehmer selbst mit seiner physischen und psychischen Gesundheit
- die Zufriedenheit mit der Führungskraft
- die Arbeitsumgebung, also Themen wie Inhalte, Arbeitsort und Arbeitszeiten
- die Kompetenz des Mitarbeiters, denn daran hängen zum Beispiel auch Überforderung und Unterforderung

Moderne Mitarbeiterzufriedenheitsbefragungen kommen zu vergleichbaren Ergebnissen: Über viele Studien hinweg hat die Zufriedenheit mit der Führungskraft einen großen Einfluss auf die Gesamtzufriedenheit der Beschäftigten. Weitere relevante Faktoren sind die Zusammenarbeit (Spaß bei der Arbeit) und die Arbeitszeiten (Teil der Arbeitsumgebung) sowie die Personalentwicklung (was sich bei Ilmarinen in der Kompetenz widerspiegelt).

In dem Faktor psychische Gesundheit steckt nach Ilmarinen auch der Aspekt der Werte: hinter dem stehen können, was man tut, den Sinn erkennen. In Mitarbeiterbefragungen heißt es dazu gerne: «Ich bin stolz, bei XY zu arbeiten.» Und der Befragte kann den Grad seiner Zustimmung auf einer Skala ankreuzen.

Finanzielle Anreize haben üblicherweise einen geringeren Einfluss. Ausnahme sind hier besonders monetär orientierte Branchen oder Berufsgruppen (z. B. Investment-Banken, Versicherungsmakler). Unsere eigene Forschung mit Expertengesprächen und Kreativ-Workshops liefert ein ähnliches Ergebnis.

Vor diesem Hintergrund liegt der Fokus in diesem Kapitel auf den Einflussfaktoren «Führung», «Zusammenarbeit», «Arbeitszeiten» und «Kompetenz/Personalentwicklung», um die Fragen zu beantworten: «Was können wir den Mitarbeitenden bieten?» und «Wo können wir uns von anderen Arbeitgebern positiv absetzen?»

Führung

Die Ansprüche der verschiedenen Generationen an die Führung sind unterschiedlich.

Beispielsweise erwarten vor allem Babyboomer viel Wertschätzung – Wertschätzung der täglichen Arbeit und des täglichen Einsatzes, aber auch Wertschätzung des Menschen und der ganzen Lebensleistung. Häufig hören wir: «Einfach ein Danke wäre schön.» Diese Generation hat nie gelernt, sich selbst wichtig zu nehmen oder gar zu lieben. Große Stärken von Generation X sind Eigenverantwortung und Autonomie. Entsprechend legt der typische Vertreter der Generation X Wert darauf, selbstständig zu arbeiten. Hier hören wir oft: «Ich brauche keinen Mikromanager, der täglich guckt, was ich mache.» Generation Y bevorzugt klare Regeln, die coachende Führung und viel konstruktives Feedback (vgl. Grafik unten). In einer Befragung geben fast die Hälfte der Y-ler an, dass sie «so oft wie möglich» Feedback möchten. Weitere 41 Prozent möchten selbst bestimmen, wie oft sie Feedback erhalten, aber «eher öfter».[5] Neben diesen dominierenden Unterschieden wirken sich alle Generationenunterschiede sowohl auf die Beziehung zur Führungskraft als auch auf jede andere Beziehung aus.

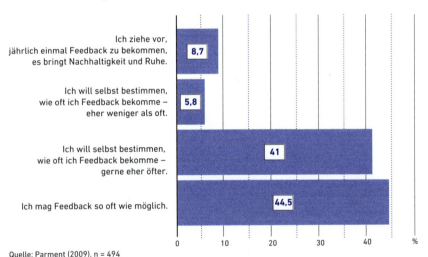

Quelle: Parment (2009). n = 494

Generation Y bevorzugt häufiges Feedback.

---

5 Parment (2009).

Und genau weil die Bedürfnisse so unterschiedlich sind, empfiehlt sich ein situativer und personenbezogener Führungsstil. Fair ist dann nicht, alle gleich zu behandeln, sondern jeden so, wie er es braucht und wie die jeweilige Situation es erfordert. Das wiederum erfordert starke Führungskompetenz.

Eine der effektivsten Maßnahmen, um die Attraktivität des Arbeitgebers zu stärken, ist daher ein wirksames Entwicklungsprogramm für Führungskräfte, und zwar für alle Ebenen. Dazu gehört der Aufbau von Fachwissen und Führungsinstrumenten, aber auch die Entwicklung der emotionalen Intelligenz und – ganz wichtig für die Nachhaltigkeit – der Transfer in den Arbeitsalltag. Es bewähren sich modulare Trainings über einen längeren Zeitraum von mehreren Monaten, besser noch Jahren. Der Vorteil interner, maßgeschneiderter Trainings liegt darin, dass nebenbei auch das Führungsteam und die Zusammenarbeit gestärkt werden. Externe Trainings bieten dafür mehr Blick über den Tellerrand.

Natürlich wirken auch kleinere Maßnahmen, Beispiel Danke sagen: Nehmen Sie jeden Morgen für alle Mitarbeitenden einen Knopf mit dessen Anfangsbuchstaben in die rechte Hosentasche. Wenn sie ihm Dank gesagt haben, wandert der Knopf in die linke Hosentasche. Die rechte Hosentasche darf jeden Abend leer sein. Beispiel: Sprechen Sie Mitarbeitende möglichst mit Namen an. «Der eigene Name ist der süßeste Klang in den Ohren eines jeden Menschen», hat schon der Psychologe und Buchautor Dale Carnegie in seinem Buch «Wie man Freunde gewinnt» geschrieben.[6] Namen lernen kann jeder. Am Anfang steht die Erkenntnis, dass es wichtig ist. Dann folgt der Wille, es wirklich zu tun.

Eine weitere Maßnahme wird sowohl dem Bedürfnis der Babyboomer nach Wertschätzung als auch dem Bedürfnis der Generation Y nach coachender Führung gerecht: das sogenannte Stretch-Feedback.

Methode «Stretch-Feedback»

Beim Stretch-Feedback bezieht sich das Feedback nicht wie üblich nur auf die Vergangenheit, sondern auch auf die Zukunft. Sie können das auf jedes strukturierte Feedback anwenden.

---

6   Carnegie (2011).

Standardmäßig würden die Leistungen des Mitarbeiters nun in regelmäßigen Abständen, zum Beispiel quartalsweise, anhand dieser Kriterien bewertet – und zwar rückwirkend. Beim Stretch-Feedback ergänzen Sie eine zweite Spalte. Dort zeigen Sie auf, wo die Latte in Zukunft höher gelegt werden wird, soll heißen, wo die Erwartungen steigen werden. Das gibt Ihnen die Möglichkeit, einem Mitarbeiter eine gute Bewertung zu geben (Erwartungen erfüllt) und ihm gleichzeitig aufzuzeigen: Wenn die Leistung so bleibt, wird sie beim nächsten Feedback unter den Erwartungen sein. Der Vorteil: Sie können ein Verbesserungspotenzial aufzeigen, ohne die aktuelle Leistung kritisieren zu müssen. Die steigenden Erwartungen sind dabei nicht unbedingt an eine höhere Position gekoppelt, sondern können sich auch auf eine längere Zugehörigkeit beziehen oder auf einen Richtungswechsel der Organisation (nach zwei Jahren erwarten wir.../Kundenorientierung soll gesteigert werden/Fehlerquote soll gesenkt werden). Um die Arbeitgeberattraktivität für die verschiedenen Generationen zu steigern, können Sie Stretch-Feedbacks in der Organisation institutionalisieren. Babyboomer kommen erfahrungsgemäß besser mit zukunftsgerichtetem Feedback klar, weil die vergangene Leistung besser wertgeschätzt werden kann. Generation X können Sie in der zweiten Pubertät abholen: «Was will ich eigentlich»? Auch für Generation Y ergibt sich die Möglichkeit, das Feedback an den individuellen Zielen auszurichten.

Insgesamt sei festgehalten: Um ein attraktiver Arbeitgeber zu werden, reicht es nicht, dass einzelne Führungskräfte in Eigeninitiative solche guten Instrumente anwenden und sich weiterentwickeln. Ein attraktiver Arbeitgeber hat insgesamt sehr gut ausgebildete Führungskräfte in Bezug auf Leadership und ein kooperatives Führungsteam.

Spaß bei der Arbeit und gute Zusammenarbeit
Die gute Nachricht ist: Hier braucht es wenig zusätzliche Maßnahmen. Die Zusammenarbeit wird ganz wesentlich von der Führung beeinflusst. Die direkte Führungskraft schafft die Voraussetzungen für Spaß bei der Arbeit im Team. Das kooperative Führungsteam sorgt dafür, dass auch abteilungsübergreifend gut zusammengearbeitet wird. Der Volksmund sagt: «Der Fisch stinkt vom Kopf.» Die Ursache für Politik und Grabenkämpfe,

Silodenken und Bereichsegoismen in Unternehmen ist nicht selten an der Spitze verortet.

Ein attraktiver Arbeitgeber bekennt sich ausdrücklich zu einer guten Zusammenarbeit. Hier bieten sich die Instrumente an, die bereits im Unternehmen eingeführt sind: Unternehmensvision oder Philosophie, Führungsgrundsätze oder Werte. Eine Geschäftsführerin, die wir im Expertengespräch befragt haben, gibt die Führungsgrundsätze ihres Unternehmens wie folgt wieder. «Als Führungskräfte sind wir Vorbild. Wir arbeiten gerne und sagen das täglich. Wir haben flache Hierarchien. Die Türen unserer Führungskräfte sind offen für jeden. Bei uns hilft die Leitung mit, wenn Not am Mann ist.» Wichtig ist hier, die unterschiedlichen Bedürfnisse der verschiedenen Generationen zu berücksichtigen. Vereinfacht heißt gute Zusammenarbeit für Babyboomer vor allem Wertschätzung, für Generation X Autonomie und für Generation Y Spaß bei der Arbeit. Das alles lässt sich sehr gut kombinieren und sollte auch immer wieder kommuniziert werden.

Ein unternehmensweites Stimmungsbarometer ist eine beliebte Methode, um die Stimmung transparent zu machen. Bei einem IT-Dienstleister mit über 2 000 Beschäftigten steht vor jeder Abteilung ein Flipchart, worauf die Mitarbeitenden morgens ein Smiley malen, welches ihre Gemütslage widerspiegelt. Das lenkt den Fokus des gesamten Teams auf die Stimmung und sensibilisiert die direkte Führungskraft. Auch die oberen Führungsebenen sehen bei ihren Gängen durch das Unternehmen auf einen Blick, was los ist. Und Erkenntnis ist der erste Schritt zur Besserung. Individuelle Gegenmaßnahmen können ergriffen werden.

Eine weitere wichtige Maßnahme für gute Zusammenarbeit ist Teamarbeit, um den Generationen Y und Z gerecht zu werden. Bei einem mittelständischen Maschinenhersteller darf sich das High-Potential-Team – der Führungskräftenachwuchs – selbst organisieren. Die Teilnehmer werden vom Management ausgewählt. Es gibt einen vorgegebenen Rahmen: quartalsweise Treffen mit externer Moderation, ein Training zu strukturiertem Erfahrungsaustausch und ein fixes Budget. Die Teilnehmenden setzen sich gemeinsam ihre Entwicklungsziele, definieren die dafür erforderlichen Maßnahmen und setzen diese um. «Ganz nebenbei» wächst diese Ebene der jungen Führungskräfte bereichsübergreifend zusammen. Mit dieser Maßnahme geht dieser attraktive Arbeitgeber auf die Bedürfnisse der Generation X nach Autonomie ein. Gleichzeitig kommt er dem Bedürfnis der Jungen nach individueller Förderung entgegen.

Ein Schweizer Unternehmen organisiert jährlich einen Tag der Rochade, bei dem Mitarbeitende freiwillig in anderen Abteilungen mitarbeiten dürfen. Sie erfahren das Unternehmen über die Zeit so ganz hautnah. Das Angebot wird mit Freude angenommen und das Feedback ist begeisternd. Neben der Teamarbeit spiegeln uns die Teilnehmer, dass es das Verständnis für den Sinn der eigenen Tätigkeit stärkt. «Ich begreife jetzt, warum ich die Zahlen für die Absatzprognose in ein Online-Tool eintrage und nicht einfach im Chat melden darf, obwohl das für mich schneller ginge», so eine Lernende. «Das wäre ja dann viel mehr Arbeit im Controlling. Wir haben neulich fast 30 Minuten nach einer Absatzprognose aus Italien gesucht.»

Ein Dienstleistungskonzern in Deutschland investiert drei Wochen in die unspezifische Einarbeitung neuer Teammitglieder. Im Rahmen des Onboarding-Programms durchläuft jeder – vom Vorstand bis zur Assistenz – die wichtigsten Stationen der Basis. Die Neuen arbeiten am Fließband im Lettershop, wo sie Briefe sortieren, helfen im Call-Center und unterstützen die Druckerei und das Logistikzentrum. Auch in der Hotellerie ist das üblich. Wer selbst eine Woche den Abwasch der schweren schwarzen Töpfe von Hand gemacht hat – in der heißen Küche zwischen dem hektischen Treiben der Köche – wird den Abwäschern künftig voraussichtlich wertschätzender begegnen als ohne diese Maßnahme. Und er kennt Marvin und Peter vom Abwasch, grüßt sie mit Namen. «Wir» meint dann das ganze Unternehmen und nicht nur die eigene Abteilung.

Es ist wissenschaftlich mit Experimenten belegt, dass Vorurteile durch Kennenlernen und Wissen um den anderen abgebaut werden.[7] Ein Arbeitgeber ist attraktiv, wenn er den Rahmen schafft, Wissen übereinander aufzubauen. Dazu gehören Schulungen zu Generationen, aber auch genauso zu interkultureller Kompetenz und zu anderen Aspekten der Verschiedenheit wie zum Beispiel Verhaltenstypen. In manchen anderen Kulturen werden gar keine Geschäfte gemacht unter Menschen, die sich nicht auch privat kennen. Wir selbst erleben als Trainer immer wieder, welch positiven Effekt ein gemeinsamer Abend auf die Stimmung in einem Team haben kann. Es ist ein fühlbarer Unterschied beim Teambuilding zwischen

---

7   Greater Good Science (2018).

einer eintägigen Veranstaltung und einem Seminar mit Übernachtung und gemeinsamem geselligem Abend.

Aus den Expertengesprächen kommt ferner folgende Empfehlung bezüglich Spaß bei der Arbeit: Negativ-Stimmungsmacher konsequent kündigen, Fachkompetenz wird gerne überschätzt. «Die Hemmschwelle, sich von einem Mitarbeiter zu trennen, der nur schlechte Stimmung verbreitet, fachlich aber gut ist, ist meiner Ansicht nach bei vielen zu groß», so einer der Experten. «Dabei kann so ein Mitarbeiter eine ganze Abteilung demotivieren. Handelt es sich dabei um eine Führungskraft, ist es noch gravierender, weil es Nachahmer geben wird. Wenn es nicht gelingt, durch Gespräche und ganz klare Regeln eine Verhaltensänderung herbeizurufen, dann empfehle ich dringend, sich zu trennen.»

Ein weiterer Experte aus dem produzierenden Metallgewerbe empfiehlt: «Bei uns hat die Verhaltensregel ‹Deutsch sprechen› Wunder bewirkt. Nur durch fremde Sprachen war eine Misstrauenskultur entstanden. Reden die hinter meinem Rücken? Kann sein. Wahrscheinlicher ist, dass sich die Kollegen und Kolleginnen einfach nur aus Bequemlichkeit in ihrer Muttersprache unterhalten haben. Was hier ferner auch helfen kann: Falls es sich um ein interkulturelles Umfeld handelt und der Arbeitsmarkt es zulässt, auf eine gute Mischung achten!»

Arbeitszeiten

Bei den Arbeitszeiten sind neben der Prägung auch das Alter der Beschäftigten und das Alter ihrer Kinder ursächlich für unterschiedliche Bedürfnisse.

Babyboomer und ältere Vertreter der Generation X brauchen länger für die Regeneration. Schichtdienst wird anstrengender. Einspringen belastet. Arbeiten ohne Pause wird weniger gut weggesteckt. Dieses Thema ist besonders relevant für Arbeitgeber mit Schichtdienst und der Notwendigkeit einzuspringen, wie zum Beispiel in der Pflege und im Nah- und Fernverkehr. Junge X-ler und und alte Y-ler haben häufig kleine Kinder. Da ist die Vereinbarkeit von Familie und Beruf besonders im Fokus.

In einer Zeit aufgewachsen, in der die Grenzen zwischen privater und beruflicher Welt in vielen Branchen verschwimmen, wird für Generation Y die Work-Life-Balance immer wichtiger. Erfolgreich ist, wer glücklich ist – auch im Job.[8] Sinn und Spaß sind wichtig. Dadurch hat Generation Y anspruchsvolle Bedürfnisse an Arbeitszeitmodelle. Bei einer repräsentativen Onlinestudie geben nicht nur 73 Prozent der Frauen, sondern auch 47 Prozent der Männer an, dass sie einmal in Teilzeit arbeiten möchten. Gut die Hälfte beider Geschlechter plant, einmal eine Weltreise zu machen. Dabei denken sie nicht an einen zweiwöchigen Urlaub. Fast die Hälfte der befragten jungen Erwachsenen hält es für wahrscheinlich, dass sie einmal im Leben bewusst aus dem Job aussteigen, um etwas ganz anderes zu tun (40 Prozent der Männer, 50 Prozent der Frauen):

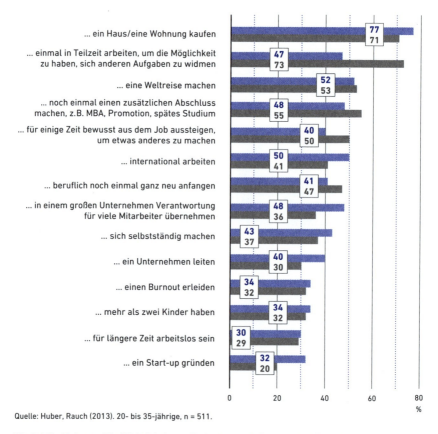

Quelle: Huber, Rauch (2013). 20- bis 35-jährige, n = 511.

Work-Life-Balance. Die Wichtigkeit von Teilzeit und Weltreisen für Generation Y.

---

8   Huber, Rauch (2013).

Ein aus Sicht der Mitarbeitenden attraktiver Arbeitgeber wird diesen unterschiedlichen Bedürfnissen gerecht. Ein Nahverkehrsunternehmen in der Schweiz bietet ein Familienmodell an: Mit Gehaltseinbußen ist es möglich, keine Wochenenden zu arbeiten und nur tagsüber. Im Gesundheitswesen gibt es mehr und mehr Betriebe, die Nachtschichten nicht verpflichtend machen. Andere Unternehmen locken mit attraktiven Lösungen für Langzeiturlaub. Ein halbes Jahr auf Weltreise gehen, den sicheren Job in der Tasche, wenn man zurückkommt, das ist ganz nach dem Geschmack dieser Generation. Wobei – das Angebot sollte natürlich nicht so unflexibel sein, dass es genau ein halbes Jahr sein muss – besser ganz variabel von sechs Wochen bis sechs Monaten. Von unseren Workshop-Teilnehmenden kommen noch weitere Ideen: Warum die Wochenarbeitszeit fixieren? Einige junge Menschen würden gerne mal fünf Stunden mehr arbeiten pro Woche und dadurch Urlaub ansparen. In Summe heißt das Zauberwort Flexibilität. Je individueller die Mitarbeitenden ihre Arbeitszeiten selbst über Wochenstundenzeit, Arbeitsprozente, Langzeiturlaube und Schichten gestalten können, umso attraktiver finden sie den Arbeitgeber. Eine zusätzliche Komponente ist der Arbeitsort. Wo es die Tätigkeit ermöglicht, ist die Möglichkeit von zu Hause arbeiten zu können (Home-Office) beliebt.

Ein Sonderthema aus der Pflegebranche ist das Einspringen. In dieser Branche ist es in vielen Häusern noch üblich, dass, wenn jemand ausfällt, herumtelefoniert wird und ein Kollege einspringt. Das geschieht auf freiwilliger Basis. Die Herausforderung dabei: Ein typischer Babyboomer fühlt sich verpflichtet. Dahinter steckt noch die von den Eltern vermittelte Arbeitsmoral. Ein typischer Y-ler nicht. Eine Babyboomerin sagt uns: «Es fühlt sich für mich so an, als hätte ich 24 Stunden am Tag sieben Tage die Woche Bereitschaftsdienst.»

Babyboomer sind aber nicht nur anders geprägt, sondern auch älter. Mit dem Alter verlängert sich die Regenerationszeit. Kurz, die Babyboomer stecken das Einspringen schlechter weg. Zusätzlich führt das zu Konflikten im Team. Erste Pflegeheime führen Springer-Pools und echten Bereitschaftsdienst ein und schaffen das Einspringen damit ab. Nicht einspringen müssen, das wäre ein guter Grund, zu diesem Arbeitgeber zu gehen, so bestätigt die Mehrzahl von Workshopteilnehmern.

Personalentwicklung

Die Welt ändert sich mit zunehmender Geschwindigkeit. Berufliche Weiterentwicklung wird immer wichtiger, um am Ball zu bleiben. Vor diesem Hintergrund verwundert es nicht, dass gerade den Jungen die berufliche und persönliche Weiterentwicklung ungemein wichtig ist. Dabei geht es nicht um Karriere im klassischen Sinne. Es geht um die Verwirklichung der ganz persönlichen Ziele. Hier holt uns die Erfahrung dieser Generation aus der Jugend wieder ein. Sie sind aus dem Elternhaus einen coachenden Führungsstil gewohnt.

Generation X ist typischerweise mehr an klassischer Karriere und Status interessiert. In einer Welt, die «no future» bietet, ist die logische Antwort, sich selbst am Schopf aus dem Sumpf zu ziehen. Aufgrund des Alters können Sie bei dieser Generation auch auf die sogenannte zweite Pubertät treffen – rund um 50 Jahre. Menschen stellen sich hier erneut die Fragen, die sie schon im Teenager-Alter bewegt haben. Was ist der Sinn des Lebens? Wer bin ich? Was will ich wirklich?

Babyboomer lernen von ihrer Prägung her sehr gerne um des Lernens willen. Denn Lernen bedeutete Freiheit. In einem Kurs zeigt mir eine Babyboomer-Teilnehmerin ihr Fortbildungsbüchlein. Sie trägt über Jahre hinweg jeden Kurs mit Titel, Inhalten, Datum und Ort ein. Und lässt sich das von der Kursleitung abzeichnen. Stolz berichtet sie, dass sie bereits ein zweites Büchlein anfangen musste, weil das erste voll war. Die Herausforderung ergibt sich hier mehr aus dem Alter. Mit dem Altern nimmt die sogenannte fluide Intelligenz ab. Fluide Intelligenz, das ist der Erwerb und Abruf neuer Informationen und die Verarbeitungsgeschwindigkeit. Gemeint ist zum Beispiel das Erlernen eines neuen Computerprogramms. Dieser Tatsache ist bei der Personalentwicklung Rechnung zu tragen. Der Gerechtigkeit halber sei erwähnt, dass die sogenannte kristalline Intelligenz mit dem Altern zunimmt. Kristalline Intelligenz, das ist Anschlusswissen an bereits Vorhandenes, zum Beispiel Kommunikationsfähigkeiten und berufliches Wissen.

Eine sinnvolle Maßnahme in diesem Bereich ist es erstens, viele Weiterbildungsmöglichkeiten zu bieten. Das muss nicht übertrieben teuer sein. Hier einige Beispiele für kostengünstige Weiterbildungsmaßnahmen:

Mitarbeitende bieten auf freiwilliger Basis an, was sie können. Das kann von «Nordic Walking» über «gesund kochen» bis hin zu «Meditation» und «Kommunikationsfähigkeiten» reichen. Sie werden erstaunt sein, welches Potenzial in ihrem Unternehmen steckt. Mitarbeitende können zu Inhouse-Trainern entwickelt werden. Ganz nebenbei ist das eine interessante Entwicklungsmöglichkeit für Beschäftigte, die keine Führungsposition anstreben.

Ganzheitliche Mentoren-Programme: Ältere Kollegen unterstützen Jüngere beim Fortkommen im Betrieb. Da kommt den älteren genau die kristalline Intelligenz zugute, die im Alter zunimmt: betriebliches Wissen und kommunikative Fähigkeiten. Dazu kommt natürlich schlicht Erfahrung.

Tandems für spezifische Themen: Eine jüngere Kollegin unterstützt jeweils einen älteren Kollegen im Umgang mit digitalen Medien.

Vorbildfunktion: In einem Beratungsunternehmen gibt es wöchentlich einen Newsletter: «Das lesen die Partner.» Dort wird jeweils ein Fachbuch vorgestellt. Implizit wird die Erwartungshaltung transportiert, pro Woche ein Fachbuch zu lesen. Diese Erwartung wird durch das Vorbild der Partner unterstrichen. Aufstrebende Beschäftigte können sich mit dem Buchinhalt als Smalltalk-Thema profilieren. Darüber hinaus kann man mit dem Top-Management zu regelmäßigen freiwilligen Lunch-Terminen zu spezifischen Büchern oder Themen gehen. «Jeder redet gerne mal direkt mit dem Chef», so der Geschäftsführer einer Werbeagentur. «Wenn ich mich verbindlich anmelde, dann kommen die Mitarbeiter schon zum freiwilligen Firmen-Lunch.»

Eine zweite sinnvolle Maßnahme ist es, die Fortbildungen zu individualisieren statt sie nach dem Gießkannenprinzip zu verteilen. Fragen Sie alle ihre Mitarbeitenden, was ihre Ziele sind. Zeigen Sie individuelle Karrierepfade auf. Auch das lässt sich über einen strukturierten Prozess im ganzen Unternehmen einführen (z. B. jährliche Entwicklungsgespräche). Damit holen Sie Generation Y ab. Diese erwartet einerseits Transparenz der Entwicklungsmöglichkeiten und andererseits Coaching: Was bringt es mir jetzt? Sie sind jung, häufig neu im Unternehmen und haben starken Beratungsbedarf. Es lohnt sich, dieses Gespräch mindestens jährlich zu wiederholen. Zumindest bei den jungen Mitarbeitenden ist es durchaus möglich, dass Sie es mit einem Moving-Target zu tun haben.

Holen Sie Generation X ab, indem Sie neben den klassischen Karrierepfaden auch attraktive Stellen mit Status ohne Führungsverantwortung bieten. Es kann ja nicht jeder aus dieser Generation Karriere im klassischen Sinne machen. So viele Führungspositionen gibt es nicht. Und nicht jeder möchte führen und nicht jeder kann führen. Die Gefahr von Dienst nach Vorschrift besteht trotzdem, wenn die Arbeit das nötige Prestige nicht mit sich bringt. Wenn es attraktive Expertenrollen gibt, kann das dem entgegenwirken.

Bei Babyboomern finden Sie aufgrund der oben beschriebenen Prägung und wegen des Alters häufig Ängste, auf dem Abstellgleis zu landen. Diese Ängste sind nicht immer unbegründet. Machen Sie eine innerbetriebliche Statistik nach Alter: Bekommen ältere Mitarbeitende genauso viele Schulungen wie jüngere? Dann ist es gut. Berücksichtigen Sie ferner bei ihren Weiterbildungen die Bedürfnisse dieser Zielgruppe. Sie lernen Neues langsamer. Das ist einfach so. Altershomogene Fachschulungen ergeben deshalb absolut Sinn. Außerdem sind viele Wiederholungen im Alter besonders wichtig. Achten Sie darauf, dass «on the job» geschult wird. Sonst ist die Nachhaltigkeit nicht gesichert. Was Babyboomern entgegenkommt, ist zum Beispiel ein System von internen Experten (z. B. zu IT-Anwendungen oder neuen Produkten) oder Tandems. Diese Experten dürfen aber nicht nur «reaktiv» tätig sein. Das System darf also nicht so funktionieren, dass man sie rufen muss. Denn ein typischer Babyboomer schämt sich, zu sagen, dass er etwas noch nicht kann, und bittet nicht unbedingt um Hilfe.

Arbeitgeberidentität

Kommen wir noch einmal zurück auf den Generationenbegriff und die Definition von Karl Mannheim.[9] Menschen, die ähnliche gesellschaftliche Erfahrungen gemacht haben, entwickeln ähnliche Denk- und Verhaltensmuster. Wo haben Menschen der Generation Y und Z spezifische Erfahrungen gemacht? Frühere Generationen konnten ihre Identität an den drei Faktoren Religion, Beruf und Region festmachen. Für die Jüngeren ist das nicht mehr ohne Weiteres möglich.

Die Zugehörigkeit zu einer Religionsgemeinschaft ganz allgemein – z. B. katholisch oder evangelisch – und die Zugehörigkeit zu einer Gemeinde diente der Identifikation. Nun sagt die formale Zugehörigkeit zu einer

---

9 Mannheim (1928).

Gemeinde nichts darüber aus, ob das Mitglied aktiv ist, sich zugehörig fühlt und damit an Identität gewinnt. Doch es ist sehr wahrscheinlich, dass mit dem Rückgang der Mitgliederzahlen auch die Zahl derer zurückgeht, die sich mit einer Religionsgemeinschaft identifizieren.

Zweitens der Beruf. Denken wir zurück an die Handwerkszünfte. Da ist eine ganz starke Identität vorgegeben. Der Sohn vom Tischler wird wieder Tischler. Das gibt Zugehörigkeit. In der Welt der Babyboomer ist es typisch, einen Beruf zu lernen und das ganze Leben bis zur Rente dabei zu bleiben. Somit kann sich der Mensch sehr gut mit seinem Beruf identifizieren. Das gibt Halt. Doch die Welt ändert sich immer schneller. Bei Generation X geht es schon los. Spätestens bei Generation Y ist es normal, nicht nur den Arbeitgeber, sondern im Laufe eines Arbeitslebens den Beruf zu wechseln, manchmal sogar mehrmals. Der Beruf ist also auch immer weniger dazu geeignet, dauerhaft Identität zu geben.

Drittens die Region. Die Welt ist im Verlaufe der Entwicklung von Babyboomern zu Generation Y und Z auch globaler geworden. Das Bild der Galaxie der Möglichkeiten bezieht sich auch auf den Wohn- und Arbeitsort. Viel mehr Menschen verlassen heute ihren Wohnort, ihre Region oder sogar ihr Land. Die Möglichkeit, sich über die Region zu identifizieren nach dem Motto «Wir aus Oberammergau und die aus Unterammergau», hat nachgelassen.

Dadurch, dass diese klassischen drei Pfeiler der Identität im Verlauf der Entwicklung weniger Stabilität geben, entsteht eine Art Vakuum. Die Suche nach Identität nimmt zu. Beispiel: Tätowierungen. Unter den Jüngeren der Generation Y ist es viel weiter verbreitet, sich zu tätowieren, als bei Babyboomern und Generation X. Haben Sie schon einmal gefragt, wofür die Tattoos jeweils stehen? Wir haben es getan.

Unser Tanzlehrer trägt auf dem rechten Oberarm einen Tanzschuh, eine Filmklappe, ein Auto und eine Rose unter der Haut. Der Tanzschuh zeigt, wo sein Herz schlägt. Wohl gemerkt, Tanzen ist nicht sein Beruf, sondern sein Hobby. Die Filmklappe steht für seinen älteren Bruder, dessen Ein und Alles ist die Schauspielerei. Das Auto steht für den Vater und dessen Beruf. Für diese Generation ist es also noch der Beruf. Die Rose steht für die Mutter. Dieser junge Mann identifiziert sich mit seiner Familie, und zwar seiner Herkunftsfamilie.

Ein Kursteilnehmer, Bus-Chauffeur, trägt die Vornamen seiner beiden Töchter auf die Hände graviert. Hier ist es die selbst gegründete Familie. Wir erkennen auch wieder sehr gut die Werte dieser Generation: Nestbauwerte. Ein Vertriebsmitarbeiter trägt ein Wellenband um die Wade und identifiziert sich damit als Surfer. Ein Verkäufer im Einzelhandel trägt einen schrecklichen Drachen auf dem Unterarm, darüber ein Kreuz. Der Drache stehe für seine schlimme Vergangenheit mit Drogen und Gefängnis. Das Kreuz für den Glauben, den er gefunden habe und der ihm geholfen habe, das hinter sich zu lassen. Es ist wahrscheinlich, dass Tattoos mehr sind als eine Modeerscheinung. Wie eine Rückkehr zu Stammesritualen, scheinen sie ein Stück Identität zu zeigen.

Es ist eine sinnvolle Maßnahme, dieses Bedürfnis nach Identität als Arbeitgeber zu adressieren. Schaffen Sie eine Arbeitgeberidentität. Definieren Sie, auf welche Art und Weise Sie als Arbeitgeber wahrgenommen werden wollen, und arbeiten Sie daran, dieses Image Wirklichkeit werden zu lassen. Was macht Ihr Unternehmen als Arbeitgeber aus? Was unterscheidet es von Wettbewerbern um gute Arbeitskräfte? Der Aufbau einer Arbeitgeber-Identität oder einer Marke funktioniert dann wie bei Produkten und Dienstleistungen auch. Zum Grundlagenwissen in Marketing gehört die 4P-Theorie: Product (Produkt), Price (Preis), Place (Vertriebskanal), Promotion (Kommunikation). Das Produkt an sich muss stimmen (Arbeitszeitmodelle, Führungsverhalten, Weiterentwicklung etc.), die finanziellen Anreize (Preis) auch. Zusätzlich gilt: Tue Gutes und rede darüber (Promotion/Kommunikation). Genauso wie Werbung für Produkte gemacht wird, muss auch die Identität als Arbeitgeber kommuniziert werden, z. B. auf der Website und in Social-Media-Kanälen.

Möchten Sie prüfen, ob Ihr Image als Arbeitgeber schon da ist, wo Sie es gerne hätten? Dann fragen Sie Ihre Bewerber: sowohl die, die zugesagt haben, als auch die, die abgesagt haben. Warum haben sie sich für/gegen uns entschieden? Was unterscheidet uns ihrer Meinung nach von anderen? Nutzen Sie auch ruhig eine implizite Fragetechnik. Wenn wir eine Automarke wären, welche? Warum? Und die relevanten Wettbewerber – wohlgemerkt als Arbeitgeber – wie ist deren Image im Vergleich?

Viele Unternehmen bieten Vorteile, die nicht mal die eigenen Mitarbeitenden kennen, geschweige denn Interessenten. Das kann z. B. ein Zuschuss zum öffentlichen Fitness Studio sein. Und überlegen Sie auch, wo

Sie die Menschen erreichen, die Sie erreichen möchten (Place, Vertriebskanal). Für Babyboomer lohnt sich sicher eine Anzeige in einer regionalen Zeitung. Generation X erreichen Sie u. a. auf Online-Stellenbörsen. Suchen Sie Kontakt zu Generation Y und Z in Social Media wie Youtube und Instagram. Und in jedem Fall brauchen Sie eine Homepage für Bewerber. Denn das ist die Informationsquelle Nummer eins, die potenzielle Bewerber der Generation Y und Z aufsuchen.

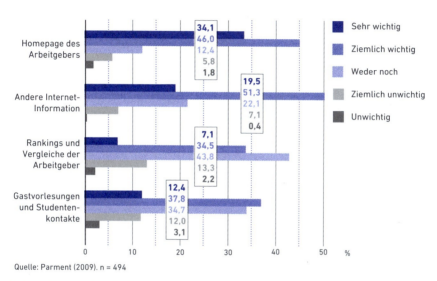

Quelle: Parment (2009). n = 494

Informationsquellen, die Generation Y nutzt. Die Homepage ist mit Abstand die wichtigste Quelle.

Beginnen Sie mit einer Gap-Analyse: Wo stehen Sie jetzt, wie werden Sie jetzt gesehen? Welche Aspekte ziehen bei ihrer Zielgruppe? Greifen Sie beispielsweise den Schrei nach Klima- und Umweltschutz der Generation Z auf? Was macht bei Ihnen Spaß? Wo steckt der Sinn? Wie kann man sich weiterentwickeln? Welche Maßnahmen sind dafür notwendig?

Von McDonald's kennen wir folgenden Slogan für die Werbung von Mitarbeitenden: «Was geht? Arbeiten, wie Du bist». McDonald's zeigt Fotos von jungen Menschen im Beruf mit Tattoos, Piercings, verschiedenen Hautfarben. Die versteckte Botschaft, die wir zwischen den Zeilen lesen können: «Wir gehören nicht zu den Spießern, die einen guten Mitarbeiter ablehnen, nur weil er Piercings im Gesicht trägt. Bei uns darfst du sein, wie du bist.» Bekannt ist auch die Kampagne von Mars: «Freiheit braucht Mut. Wir nehmen die Mutigen», gefolgt von der provokanten Frage: «Passen Sie zu Mars?»

Querdenken

«Missed Pricing», eine Technik, die im Immobiliengeschäft gilt, können wir auch im Arbeitgebermarkt anwenden. Es geht darum, Immobilien zu finden, die «zu günstig» angeboten werden. Beispiel: Ein Investor kauft eine vermeintlich unattraktive Sechs-Zimmer-Wohnung, die keiner will, weil sie groß ist und an der Autobahn liegt. Er baut sie zu sechs einzeln bewohnbaren Einheiten um. Dann hängt er ein riesiges, von der Autobahn gut lesbares Schild außen dran: «Monteursunterkünfte auf Zeit». Seine Zielgruppe sind all die Handwerker, die sechs bis zwölf Monate fern von zu Hause auf dem Bau arbeiten. Die Zimmer sind deutlich günstiger als ein Hotel und viel angenehmer als ein Wohnwagen. Das Konzept geht auf.

Ein Münchner Unternehmen der Softwareindustrie, die Eigentümer sind Chinesen, hat die Unternehmenssprache auf Englisch umgestellt. Um den Ingenieursmangel bei deutschen Fachkräften zu umgehen, wird in Griechenland, Spanien, Portugal und Italien inseriert. Das Unternehmen erhält auf diese Weise hochqualifizierte Arbeitskräfte, leicht unter im deutschsprachigen Raum üblichen Marktpreisen. Die Ingenieure verdienen deutlich mehr als zu Hause und sind happy. Ein Pflegeheim begegnet dem Personalmangel in der Demenz-Abteilung auf kreative Weise. Das Management hat sich die Frage gestellt: Was müssen diese Mitarbeitenden denn wirklich können? Statt ausschließlich nach ausgebildeten Pflegefachleuten zu suchen, wird die Suche ausgeweitet auf Pädagogen und andere Geisteswissenschaftler. Weiter oben haben wir beschrieben, dass sich die Welt schneller verändert, Berufe häufiger gewechselt werden und Ferien und Auszeiten wichtiger werden. Viele Arbeitgeber sind bei der Sichtung von Lebensläufen noch konservativ. Sie gucken nach dem Stromlinienförmigen. Es kursiert ein Witz auf Facebook. Der Personalleiter: «Sie haben da eine Lücke in Ihrem Lebenslauf». Die Antwort von einem jungen Vertreter der Generation X: «Ja, war geil.» Überdenken Sie Ihre Einstellungskriterien. Was brauchen Sie wirklich? Welche Ecken und Kanten könnten auch eine Bereicherung darstellen oder stellen ein «Missed Pricing» dar?

Sie bekommen jemanden, dessen Marktwert aufgrund seines Lebenslaufes geringer ist als das, was er Ihrem Unternehmen tatsächlich bieten kann.

Besteht Ihre Mitarbeiterschaft hauptsächlich aus Männern? Dann sprechen Sie doch gezielt Frauen an, z. B. als Ingenieurinnen für Entwicklung. Oder machen Sie es umgekehrt: Zielen Sie mit Ihrer Kampagne für Grundschullehrer auf Männer. Sprechen Sie Wiedereinsteiger nach der Babypause an, Quereinsteiger oder Teilzeitkräfte – was auch immer für Ihre Branche und Ihr Haus Sinn ergibt.

Fangen Sie da an, wo andere noch nicht dran denken. Wir wissen, dass Jugendliche empfänglich sind für Prägung. Eine befreundete Trainerin ist spezialisiert darauf, Frauen in technischen Berufen zu coachen. Gemeinsam mit der Industrie- und Handelskammer hat sie eine Reihe für Schulen aufgebaut zum Thema «Frauen und Technik». Etwas Gutes für die Gesellschaft und gleichzeitig die Bindung zu einer heranwachsenden potenziellen Zielgruppe. Andere Unternehmen betreiben Kinderclubs mit einem ähnlichen Anliegen.

Aktive Ansprache

Generation Y zieht trotz guter Arbeitsstelle einen Wechsel des Unternehmens ernsthaft in Betracht.

«Ich habe eine gute Arbeitsstelle, würde mir aber alle Angebote überlegen und das eine oder das andere akzeptieren» bzw. «Ich habe eine gute Arbeitsstelle, werde aber zu jeder Zeit eine neue Arbeit annehmen, wenn ein gutes Angebot vorliegt». So antworten 70 Prozent junger Erwachsener in einer Trendstudie auf die Frage zum Arbeitgeberwechsel.[10]

Die Loyalität zum Arbeitgeber hat bei Generation Y gegenüber den Babyboomern abgenommen. Warum? Die typischen Verhaltensweisen einer Generation sind die Antwort auf gesellschaftliche Erfahrungen. Diese Generation hat erfahren, dass auch die Loyalität der Arbeitgeber gegenüber den Arbeitnehmern abgenommen hat – nicht bei jedem Einzelnen natürlich, aber insgesamt schon. Vorbei die Zeiten, in denen Vater eine Banklehre macht, befördert wird, einfach nur, weil er älter wird, und mit 65 Jahren bei der gleichen Bank in Rente geht. Spätestens die Finanzkrise

---

10 Parment (2009).

2009 hat gezeigt, dass auch gute Arbeitsleistung und Loyalität nicht vor Entlassung schützen. Firmen strukturieren um und trennen sich deshalb von Beschäftigten – nach Sozialplan – also auch von den Besten. Ganze Berufsgruppen gehen hierzulande ein, weil sie aussterben oder weil die Leistung wirtschaftlich nur noch in Billiglohnländern erbracht werden kann. Auch hier hilft die Loyalität des Arbeitnehmers nicht weiter.

Es gibt nichts Schlechtes, was nicht auch etwas Gutes hätte. Machen Sie sich als Arbeitgeber bei der Rekrutierung diesen Verlust an Loyalität zunutze. Mit Stellenanzeigen, egal über welchen Kanal, erreichen Sie überwiegend Personen, die auf der Suche nach einer neuen Arbeitsstelle sind. Bei Generation Y verpassen Sie damit wahrscheinlich diese oben beschriebenen 70 Prozent. Die haben ja eine gute Stelle und suchen wahrscheinlich nicht aktiv.

Eine sinnvolle Maßnahme ist die aktive Rekrutierung über soziale Netzwerke. Über Suchfilter lassen sich potenzielle Kandidaten identifizieren, z. B. Mitarbeitende im technischen Vertrieb. Bei Xing oder LinkedIn geben diese ja ihre Kompetenzen, Berufsausbildung und frühere Arbeitgeber an. Schreiben Sie diese Kandidaten aktiv an. Nach der oben stehenden Studie werden 70 Prozent Ihr Angebot auch dann in Betracht ziehen, wenn sie eine gute Arbeitsstelle haben.

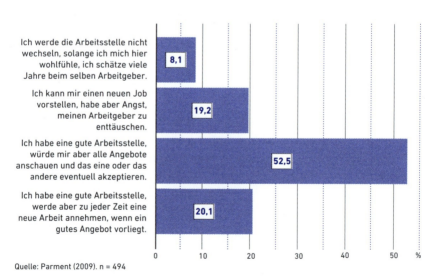

Quelle: Parment (2009). n = 494

Bereitschaft von Generation Y, die Arbeitsstelle zu wechseln.

Netzwerk der Ehemaligen

Oben haben wir geschrieben, dass die Loyalität zum Arbeitgeber im Laufe der Zeit abgenommen hat. Formulieren wir es neu. Definieren wir Loyalität weiter als das Verharren im ersten Arbeitsverhältnis. So wie Kontakte bei Facebook schlummern können, aber jederzeit reaktivierbar sind. Wenn ein Arbeitnehmer wechselbereit ist, obwohl er eine gute Stelle hat, dann können wir im Umkehrschluss interpretieren, dass er nicht unzufrieden sein muss mit seinem Arbeitgeber, nur weil er geht. Die Wahrscheinlichkeit, dass ein Arbeitnehmer zurückkommt, ist also gegeben. «Ich stelle keinen Vertriebler ein, der mir einmal gekündigt hat. Der hat mich ja verraten», so ein Vertriebsleiter aus der Hausgerätebranche. Top-Unternehmensberatungen und Universitäten machen es anders vor. So ein Professor von INSEAD: «Wer einmal bei uns war, gehört lebenslang zur Familie. Unsere Studenten behalten ihre INSEAD-E-Mail-Adresse lebenslang. Jährlich finden Ehemaligentreffen statt. Es gibt diverse Onlineforen zum Austausch. Viele Ehemalige kommen zurück für Fortbildungen.» Eine sinnvolle Maßnahme für einen attraktiven Arbeitgeber ist ein aktives Ehemaligennetzwerk. Halten Sie die Ehemaligen verbunden durch regelmäßige Kommunikation und Veranstaltungen. Vielleicht kommen sie zurück. Wahrscheinlich empfehlen sie den Arbeitgeber weiter.

Mitarbeiter werben Mitarbeiter

Generation Y hat sehr gut gelernt, zu netzwerken. Machen Sie sich diese Stärke zunutze und etablieren Sie ein cleveres Mitarbeiter-werben-Mitarbeiter-System. Eine einfache Geldprämie ist da relativ wenig. Besser sind attraktive Tage der offenen Tür für Familie und Freunde.

Fazit zum Erhöhen der Arbeitgeberattraktivität

Unternehmen stehen heute nicht mehr nur im Wettbewerb um Kunden, sondern auch im Wettbewerb um Mitarbeitende. Um attraktiver zu sein als andere Arbeitgeber, lohnt es sich, die Bedürfnisse und Stärken potenzieller Mitarbeitender auch vor dem Hintergrund der verschiedenen Generationen zu beleuchten. Es empfiehlt sich dabei, auf einen guten Mix der Generationen abzuzielen. Entscheidende Faktoren für die Arbeitgeberattraktivität sind die Führung, Spaß bei der Arbeit und gute Zusammenarbeit sowie Arbeitszeiten und Personalentwicklung.

Hier sind die Anforderungen der verschiedenen Generationen unterschiedlich. Je flexibler ein Arbeitgeber darauf eingehen kann, desto besser. Es gibt diverse wirkungsvolle Maßnahmen, um das umzusetzen, darunter ein gezieltes Entwicklungsprogramm für Führungskräfte, Sabbaticals und Familien-Arbeitszeitmodelle ohne Nacht- und Wochenenddienste, altershomogene Computerschulungen, regelmäßige Mitarbeiterbefragungen. Bei der Rekrutierung empfiehlt sich gerade für die Generationen Y und Z der konsequente Aufbau einer Arbeitgeberidentität und ein attraktives Ehemaligen-Netzwerk.

Vor dem Hintergrund des Fachkräftemangels lohnt es sich, auch beim Auftritt als Arbeitgeber die Generationen mit ihren verschiedenen Bedürfnissen im Blick zu behalten. Da gibt es viele erfolgversprechende Maßnahmen.

Warum sich Generationenkompetenz lohnt

VII

Gute Führung ist der größte Einflussfaktor für Mitarbeiterzufriedenheit und Leistung. Da die Erwartungen an die Führung zwischen den Generationen enorm auseinandergehen, ist es unerlässlich, die Führungspersonen in ihrer Generationenkompetenz zu entwickeln.

Fachwissen über die Generationenunterschiede und die Fähigkeit zum Perspektivwechsel sind grundlegende Kompetenzen für jede gute Führung. Damit können im Arbeitsalltag Missverständnisse und Konflikte vermieden und eine gute Zusammenarbeit zwischen den Generationen aufgebaut werden. Auch die individuelle Führung und Förderung wird mit Generationenwissen leichter und macht so mehr Freude.

Für Schule und Ausbildung ist es einerseits ungemein wertvoll, viel über die Generation Z und ihre ganz spezifischen Herausforderungen, Belastungen und Bedürfnisse zu wissen. Anderseits tut es gut, den Blick auf die eigene Generation zu richten, um zu erkennen, wo wir für jüngere Generationen doch recht merkwürdig sind. Es gilt Wege zu finden, um gut miteinander in Beziehung treten zu können.

Wenn Sie sich als Betrieb oder Institution attraktiv auf dem Arbeitsmarkt positionieren möchten, ist es wichtig, Maßnahmen für alle Generationen zu entwickeln.

Wenn Sie die nachkommende Generation als neue Kunden ansprechen möchten, ist eine Generationenkompetenz gefragt, die selbstverständlich die neuen Kundenerwartungen kennt und entsprechende Angebote aufbauen kann. Es ist aber auch wichtig, die Mitarbeitenden der älteren Generation gut in diesen Change-Prozess einzubinden und nachhaltig darin zu begleiten.

Da die Generationen in den behandelten Themenbereichen doch sehr unterschiedliche Wertvorstellungen, Verhaltensweisen und Erwartungen haben, sind die Generationenunterschiede im Alltag – privat wie beruflich – sehr präsent. Es macht Freude und erleichtert den Arbeitsalltag, durch Generationenkompetenz zunehmend Verständnis und Neugier füreinander zu entwickeln. Das ermöglicht es uns, in konkreten Alltagssituationen spontan und lösungsfokussiert agieren zu können. Wir wünschen viel Erfolg und Spaß dabei.

Anhang

Das Unternehmen Engelhardt Training kombiniert die Kompetenzen aus Soziologie (Dr. Miriam Engelhardt), Betriebswirtschaft und Change-Psychologie (beides Nikola Engelhardt) mit jahrzehntelanger Berufs- und Forschungserfahrung zu Trainings, die wirklich etwas bringen. Die Arbeitsweise ist zugleich wertschätzend und Engagement einfordernd. Die Einzelnen werden abgeholt und eingebunden. Thematische Schwerpunkte sind Generationenkompetenz, Leadership, Team, Kundenorientierung und Change.

Die Autorinnen

Dr. Miriam Engelhardt hat nach Studienaufenthalten in Paris und Poitiers in Freiburg im Br. in Soziologie promoviert und war u. a. in der Jugendforschung tätig. 2008 wechselte sie von der Forschung in die Vermittlung und arbeitete in der Personal- und Organisationsentwicklung am Universitätsspital Basel mit Schwerpunkt Weiterbildung. 2012 gründete sie Engelhardt Training. Heute arbeitet sie als Referentin, Kursleitung und Moderatorin im Gesundheitswesen, der Privatwirtschaft und unterrichtet an Universität und Fachhochschulen. Die Themenschwerpunkte sind Generationenkompetenz, Leadership, Teamentwicklung, Moderation und Auftrittskompetenz.

Nikola Engelhardt hat ihren ersten Master in Betriebswirtschaft an der Universität Bayreuth gemacht. Ihre Karriere begann sie in der Marktforschung, dann als Unternehmensberaterin unter anderem bei TNS Infratest und Arvato Bertelsmann. Später gründete sie ihr eigenes Beratungsunternehmen und leitete Change-Projekte für Private-Equity-Firmen. Mit jedem Projekt wuchs die Erkenntnis, wie wichtig der Umgang miteinander für den Projekterfolg ist. Zur Vertiefung ihrer Kenntnisse machte Nikola Engelhardt einen zweiten Master in Change bei INSEAD in Fontainebleau. Mit inzwischen bald 20 Jahren Berufserfahrung leitet sie weiterhin Change-Projekte. Gleichzeitig hat sie große Freude daran, das Wissen über effektive Zusammenarbeit bei Engelhardt Training weiterzugeben.

Quellenverzeichnis

Albert, Mathias/Hurrelmann, Klaus/Quenzel, Gudrun (2010): 16. Shell Jugendstudie. Jugend 2010. Frankfurt/Main: Fischer.

Albert, Mathias/Hurrelmann, Klaus/Quenzel, Gudrun/TNS Infratest Sozialforschung (2015): 17. Shell Jugendstudie. Jugend 2015. Frankfurt/Main: Fischer.

Andersen, Susan M./Berk, Michele S. (1998): The social-cognitive model of transference. Experiencing past relationships in the present. In: Current Directions in Psychological Science 7(4), S. 109–115.

Blanton, Brad (1996): Radical Honesty: How To Transform Your Life By Telling The Truth, Dell; 7th Printing edition.

Buchmann, Marlis/Kriesi, Irene/Malti, Tina (2007): Wertorientierungen Jugendlicher und junger Erwachsener in der Schweiz. Auswertungen des Schweizerischen Kinder- und Jugendsurveys Cocon im Auftrag der Stiftung Züricher Unternehmerforum, www.zuf.ch.

Burhop, Carsten/Wol, Guntram (2005): A compromise estimate of German net national product, 1851–1913, and its implications for growth and business cycles. In: Journal of Economic History 65(3), S. 613–657.

Carnegie, Dale (2011): Wie man Freunde gewinnt. Die Kunst beliebt und einflussreich zu werden. Frankfurt am Main: Fischer-Verlag.

Ecarius, Jutta/Berg, Alena/Serry, Katja/Oliveras, Ronnie (2017): Spätmoderne Jugend – Erziehung des Beratens – Wohlbefinden, Wiesbaden: Springer.

Engelmann, Julia (2013): 5. Bielefelder Hörsaal-Slam auf Campus TV 2013. Online: www.youtube.com/watch?v=DoxqZWvt7g8.

Erikson, Erik H. (1950). Childhood and Society. New York: Norton.

Fischer, Jonas. Online: fischeraction.com.

Freud, Sigmund (1912): Zur Dynamik der Übertragung. In: Zentralblatt für Psychoanalye, Band II.

Grater Good Science (2018): Podcast Episode 3: How to fall in love with anyone. Online: greatergood.berkeley.edu/podcasts/item/how_to_fall_in_love_with_anyone.

Harris Interactive (2003): Born to be Wired: The role of new media for a digital generation, us.i1.yimg.com/us.yimg.com/i/promo/btbw_2003/btbw_execsum.pdf.

Hösli, Irene/Engelhardt, Miriam/Schötzau, Andy (2013): Academic career and part-time working in medicine: a cross sectional study. In: Swiss Medical Weekly, online-Version, 2013;143:w13749.

Huber, Rauch (2013): Generation Y. Das Selbstverständnis der Manager von morgen. Düsseldorf: Signium. www.zukunftsinstitut.de/fileadmin/user_upload/Publikationen/Auftragsstudien/studie_generation_y_signium.pdf.

Jacobscenter (2007–2019): Cocon. Schweizerische Befragung von Kindern und Jugendlichen, www.jacobscenter.uzh.ch/de/research/cocon/study.html.

Kasch, R./Engelhardt, Miriam/M. Förch/H. Merk/F. Walcher/S. Fröhlich (2015): Ärztemangel: Was tun, bevor Generation Y ausbleibt? Ergebnisse einer bundesweiten Befragung. In: Zentralblatt für Chirurgie Bd. 140.

Kets de Vries, Manfred F. R./Cheak, Alicia (2014): Psychodynamic Approach. INSEAD Working Paper No. 2014/45/EFE. Available at SSRN: ssrn.com/abstract=2456594 or http://dx.doi.org/10.2139/ssrn.2456594.

Kluckhohn, Clyde (1951): Values and Value-Orientations in the Theory of Action: An Exploration in Definition and Classification. In: Parsons, Talcott/Shils, Edward (Eds.): Toward a General Theory of Action. Cambridge: Harvard University Press, S. 388–433.

Mannheim, Karl (1928): Das Problem der Generationen. In: Kölner Vierteljahreshefte für Soziologie 7 (1928), S. 157–185, 309–330.

Parment, Anders (2009): Die Generation Y – Mitarbeiter der Zukunft. Wiesbaden: GWV Fachverlag.

Prognos AG (2015): Studie Arbeitslandschaft 2040. Eine vbw-Studie. Online: www.vbw-bayern.de.

Ritschl, Albrecht/Spoerer, Mark (1997): Das Bruttosozialprodukt in Deutschland nach den amtlichen Volkseinkommens- und Sozialproduktsstatistiken 1901–1995. In: Jahrbuch für Wirtschaftsgeschichte 1997/II, 11–37; Statistisches Bundesamt.

Schlippe, Arist/Omer, Haim (2015): Autorität durch Beziehung. Die Praxis des gewaltlosen Widerstands in der Erziehung. Göttingen: Vandenhoeck + Ruprecht.

Tempel/Ilmarinen (2013): Arbeitsleben 2025. Das Haus der Arbeitsfähigkeit im Unternehmen bauen. Mainz: VSA-Verlag.

Wieoimmer, Kay (2016): Sorgen eines alten Mannes. Online: www.youtube.com/watch?v=rHTKEJqb5YE.

Verzeichnis der Fallbeispiele

1. Interdisziplinäre Fallbesprechung – **67**
2. «Kaffeekränzchen?» – **68**
3. «Gut gemacht, Herr CEO!» – **69**
4. Schockraumtraining – **70**
5. Klischeefalle «innovationsfeindlich» – **72**
6. Generation X – sieben kritische Fragen pro Teamsitzung – **74**
7. Lernende korrigiert die Abteilung – **75**
8. Medikamentenvergabe – Bitte um Kontrolle – **76**
9. Dokumentation – Bitte um Sanktionen – **78**
10. «Schau, was zu tun ist» – Bitte um klaren Auftrag – **79**
11. «Kann ich früher gehen?» – **80**
12. Der kurze Dienstweg – **80**
13. Bachelorstudierende mit Defiziten in Praxis – **81**
14. Erst die Arbeit, dann das Vergnügen – **82**
15. «Ich glaub, ich bin krank» – **83**
16. «Nix da, hier wird gearbeitet!» – **85**
17. Kündigung nach vier Stunden – **86**
18. Lehrling will abbrechen – **86**
19. Lehrling will abbrechen – **88**
20. Lift in der Berufsfachschule – **89**
21. Aufstiegschancen in der Probezeit – **91**
22. Junge Frau bei der Feuerwehr – **91**
23. «Ich lern hier nix!» – **95**
24. «Die anderen dürfen mehr» – Vielseitigkeit der Arbeit – **97**
25. Schnuppertag – **98**
26. Prüfungsrelevanz – **99**
27. Sich Zeit nehmen – **100**
28. «Mein Ausbilder hat versagt!» – **100**
29. Büro umräumen – **101**
30. «Brauchst du mich am Wochenende?» – **102**
31. Schichtplanung und Festival – **103**
32. Transport eines Gesellenstücks – **104**
33. Pünktlichkeit – **106**
34. Musik hören auf der Station – **109**
35. Erinnerungsanruf – **124**